小笠原隆夫
Takao Ogasawara

リーダーは“空気”をつくれ!

生産性と成果を上げ“強いチーム”をつくるために
リーダーが実践すべきたった1つの大切なこと。

はじめに

本書『リーダーは〝空気〟をつくれ!』は、タイトルの通り、リーダーがチームを運営するにあたって「空気づくり」がいかに大切かをテーマにしています。

私はこれまでコンサルタントとして、数多くの企業でさまざまな立場のリーダーに接してきました。

出会ったリーダーの皆さんはいずれもとても真面目で、どのようにメンバーをまとめるかということについて、いつも悩みながら取り組んでいました。何もかもが順風満帆で、「リーダーを満喫している」という人は、残念ながら一人もいません。

すべてのリーダーが、「なぜわかってもらえないのか」「どうして伝わらないのか」「一丸になるにはどうしたらいいのか」「納得してもらうには……」と、何らかの悩みや不満を抱えているのです。

それほどまでにリーダーの役割とは難しく、奥が深く、正解のないものなのだと思います。

ところがそうした悩みを抱えながらも、必ず一定の成果を上げるリーダー、うまくチームをまとめ上げているリーダー、チームを成功に導くリーダーが少ないながらいます。


その成功法則は何なのか――

私はそれが知りたくて、彼らの行動を観察したり、話を聞いたりしてきました。ですが、リーダーとしての考え方、部下に対する接し方や距離感、業務ルールなどを見ても、それぞれに異なる特徴があり、実に千差万別です。

ただ、唯一共通している部分がありました。それが「空気」です。優れたリーダーのチームは、いずれも「空気がいい」のです。

「空気」とは、チームの「雰囲気」「ムード」「やる気」「緊張感」などを含めた総称といえます。本書の一つめの項目でも改めてご説明しますが、ただ「雰囲気がよい」「風通しがよい」というのは、「空気がよい」とは異なります。「空気のよさ」をわかりやすく定義するなら、「リーダーの指揮の下、チームのメンバー全員がチームとしてやるべきこと、目標をきちんと共有し、それに向かって高いモチベーションで仕事に取り組んでいる環境」といえます。

前述の優れたリーダーたちはそうした「空気づくり」の大切さをきちんと理解していました。さまざまな取り組みもメンバーに用いる言葉も、すべてが必ず「空気をよくすること」につながっているのです。

優れたリーダー論は、すでに世の中にたくさん紹介されていますし、どれも素晴らしいものばかりです。私もかつて駆け出しのリーダーだった頃、そんな理論やハウツーをいろいろ学びました。

ただ、実際にそれを現場で活かすことができていたかには疑問があります。何をどんな場面で実行すればよいのか、論理と実務をつなぐ方法がわかっていなかったのです。

そんな私の過去の経験と、私がコンサルタントとして実際に現場で見てきたエピソードを踏まえ、本書では22の事例を紹介しています。これらは「空気づくり」の成功や失敗のケーススタディです。

業界や会社規模を問わず、必ず起こりうる事例を厳選して構成しました。リーダーであれば、一度くらいは経験したことがあるだろうと思われるものばかりです。そのほうが実際にいま悩まれているリーダーの皆さんの「参考書」になるのではないかと考えました。

また、本書では、あえて章立てで構成していません。それぞれの事例は、複数の要素が複雑にからみ合っているため、ある切り口から分類してまとめていくことに無理があったからです。逆に言えば、すべての事例が、「チームの空気づくり」という点に集約されています。

悩めるリーダーの皆さんにとって、本書が「空気づくり」のヒントになれば幸いに思います。

そして実際に、皆さんのチームに「いい空気」をもたらす取り組みのきっかけになったとしたら、それほど光栄なことはありません。

小笠原隆夫

CONTENTS

CONTENTS

CONTENTS

CONTENTS

Leader's Rule 1

「雰囲気がいい」と「空気がいい」の大きな違い

「雰囲気がいい」のに業績が上がらないチーム

「チームの空気をつくる」と聞いて、リーダーの皆さまはどのようなことを思い浮かべるでしょうか。最もイメージしやすいのは、チームの「雰囲気をよくすること」でしょうか。

確かに、メンバー同士の仲がよく、いつも和気《わき》藹々《あいあい》とした雰囲気がつくれたら、それはメンバーにとってもとても働きやすい環境といえます。

ただし、こうした「雰囲気のよさ」と、本書の主題である「空気のよさ」とは似

て非なるものです。もちろん、チームによい空気をもたらそうと考えたとき、「雰囲気をよくすること」はとても大切な要素です。ですが、「よい空気」とは、決してそれだけではないのです。

ここでは、ある会社の例を通じて、リーダーが意識しなければならない、「雰囲気のよさ」と「空気のよさ」の違いについて考えてみたいと思います。

私がコンサルティングの仕事の一環で、とある会社を訪れたときのことです。私はその会社が抱える経営課題の状況把握のため、各部署のチームリーダーにヒアリングを行っていました。

そのときに、ある営業チームのリーダーが、自分のチームの様子を評して、「うちのチームはみんな仲がよくて雰囲気もいいんです」と述べていたのです。

一見したところ確かにその通りで、メンバーみんなが明るく会話をしており、暗い感じやギスギスした感じは全くありません。

そこで、もう少し細かく聞いてみました。**このリーダーはメンバー同士が「話し**

やすい雰囲気」こそが大事だと認識し、お互いができるだけフラットな関係で、何でも気軽に言い合える空気を意識してつくっているということでした。

同じことを他のメンバーに聞いても、「仲がいい」「話しやすい」という言葉が出てきます。リーダーが意識してつくったこの雰囲気は、確かにチームに浸透しているようです。

ただ、この営業チームの業績をみると、あまりいい状況ではありません。会社全体としては、厳しい環境の中で少しずつ業績を伸ばしてきていますが、このチームだけは目標の未達成が何年か続き、売上や利益もほとんど停滞しています。

スポーツで言えば、ずっと負けが込んでいるようなチーム状態です。普通はそれでチームの雰囲気がいいはずはありませんが、リーダーからもメンバーからも、そんな危機感はうかがえません。

観察して見えた「雰囲気のゆるさ」

この営業チームの「雰囲気」と「業績」の大きなギャップは何なのか。その理由をつかむために、私はしばらくの間このチームの仕事ぶりを観察させてもらうことにしました。そこから徐々に見えてきたのは、こんなことでした。

まず、一見すると雰囲気は確かに明るく、話しやすく、お互いの仲がよさそうで、ギスギスした感じは全くありません。

ところが、メンバー同士の会話の内容をよくよく聞いてみると、仕事に関わる会話の頻度が、明らかに少ないのです。私から見ると、どうでもいいような雑談の類いが多く、その手の話をいつまでもダラダラと続けながら、合間に何となく仕事をしているように見えました。

また、リーダーをはじめとして、その様子を周りの誰かが注意することもありませんでした。

これは「明るさ」「話しやすさ」というよりは、「軽さ」や「ルーズさ」、悪い意味での「子どもっぽさ」、つまり「ゆるんだ雰囲気」と言わざるを得ません。

仕事をする場の雰囲気としては、全く好ましいものではありません。

この話をリーダーに直接伝えると、実はリーダー自身もそう感じていたことがわかりました。しかし、今どきのチームの雰囲気とはこういうものだと思い、それを壊すことは好ましくないと考え、今のような振る舞いを許していたそうです。

メンバーから反発されて、チームがまとめにくくなるのを恐れていた部分もあったといいます。

そこで、まずこのチームに対して私が行ったのは、毎日定例で実施していた業務ミーティングのやり方を変えることでした。

これまでは、日常のゆるい雰囲気を引きずって、ミーティングの最中でも雑談めいた話をしたり、業務上の情報交換がおざなりになっていることがありました。

また、リーダー自身もそれを指摘したり注意したりすることがありませんでした。

私はそこを改め、定例ミーティング中は業務に関する情報交換に集中することを宣言し、必要な指示命令や、場合によっては厳しい指摘といったこともまとめて行うようにしました。

その代わり、日常業務中の雰囲気にはあえて口出しをしないことにしたのです。

この取り組みを始めた当初は、不満を漏らすメンバーもいました。しかし、そうした声はすぐになくなっていきました。

業務中の日常会話を制限すれば、必ず反発が出るでしょう。しかし、会議という公式の場で、目的に沿った議論だけに徹するというのは当然のことで、それくらいはメンバーたちもわかっています。そこに反論の余地はありません。

そして、1日に一度「仕事に徹しなければならない引き締めの場をつくった」ことで、日常的な雰囲気も当初感じられていた「ゆるさ」は徐々に薄れていきました。

この例のように、「雰囲気がよい」ことだけを標榜《ひょうぼう》しているチームは、意外に多いのが実情です。

先のリーダーのように、最近の若い世代を意識するがあまり、「和やかな雰囲気」をよしとし、多少の行き過ぎには目をつむるケースもあります。

その根底には、本当は厳しく言わなければならないと自覚しているが言えない、必要以上にお互いに干渉しない希薄な関係、他人にするべき要求をしない、目標レ

ベルが低い、向上心がない、といった問題が潜んでいます。

こうした状態が続けば当然、チームの業績は伸びていきません。

本当の意味での「空気のよさ」とは、切磋琢磨《せっさたくま》、相互尊重、勝ちぐせ、自信、自己肯定といったものがメンバーの身に付いており、それが自然に湧き出てくるような状態です。

リーダーはその違いを十分に認識しなければなりません。

いい結果を得るために必要な「よい空気」

あるプロサッカーチームの主将が、「明るさと軽さは紙一重」と語ったことがあります。

若い選手が多いチームで、選手同士の年齢が近かったことから、いつも仲よく明るい雰囲気でした。ですが、大事な大会の直前、主将は全体の雰囲気から「フワフワしたゆるさ」を感じ、このまま放置しては危ないと考えました。

そこでミーティングで選手の気持ちを引き締めるため、「勝つことにこだわる」

大切さを説いたのです。**勝つためには本当の意味で何が必要なのか、チームの一人ひとりがどういった心持ちで試合に臨むべきなのかを明確に提示し、これを徹底しました。**結果、このチームはその後の大会で終盤まで勝ち進み、当初の目標を上回る結果を得ることができました。

「雰囲気をよくすること」はリーダーの仕事の一つです。ですが、メンバーのやる気の維持やご機嫌うかがいばかりに心が捉われ、チームとしての役割を果たす（＝チームの業績を伸ばす、目標を達成する）という大前提を見失ってしまっては本末転倒です。

それでは決してよい空気はつくれません。

「ゆるさ」が目に余るというなら、ときに厳しく注意することも大切です。

メンバーがチームの目標に対し、高いモチベーションをもって最大限の能力を発揮できる――。そんな空気づくりを目指してみてください。

Leader's Rule 2

「正しい厳しさ」を知らずしてよい空気はつくれない

あるリーダーが実践した「厳しさ」の結果

リーダーがチームをまとめる中で、「厳しさ」が必要な場面は必ずあります。ただし、厳しさを正しく理解しているリーダーは、決して多いとは言えません。

とくに最近は、部下のモチベーションやメンタリティに気を遣いすぎて、叱《しか》ったり厳しく指導しなければならないケースでも、臆してしまうリーダーが目立ってきました。

優秀なリーダーは「厳しさ」の本質を理解しており、その使い方を間違えません。

事例を交えながら、リーダーに必要な「正しい厳しさ」を考えてみましょう。

Eさんは、あるチームを率いるようになって間もないリーダーです。

彼はメンバーに何かを強く要求することが苦手なタイプで、強引さが足りないところがありました。

もちろん、それは本人も自覚していました。ただ、Eさんとしては、メンバー同士が何でも言い合えるフラットな関係のチームが好ましいと感じており、そもそも自分自身に甘さがあるため、他人に強いことを言える立場ではないと遠慮している部分もありました。

ですが、少しずつチームの仕事に甘さが目立ち始めました。他のチームでは問題なく進む類いの業務でも、Eさんのチームがやると進行に遅れが生じたり、細かなミスが出たりするのです。

そんな状況のEさんは、徐々に周りの先輩や上司から、「もう少しメンバーに厳しくしたほうがいい」と言われるようになりました。

Eさん自身もリーダーとしてそれではいけないと思い、自分なりに「厳しさ」を示そうと意識を変えました。

今まで何となくで進めてきた締切りなども、毅然《きぜん》とした態度で期限を切る、ダメなことはダメだとはっきり言い切るなど、日常の言動や態度を変えて、リーダーらしい振る舞いを心がけるようにしたのです。

さらに、仕事のミスやトラブル、目標未達などについては、メンバーに明確な説明を求めました。そこではっきりしないものは、意識して言葉を強めて叱るようにもしました。

すると、チーム内にこれまでなかった緊張感が漂い始めました。弛緩《しかん》していた空気がピリッとし、メンバーの集中力も増したように思えます。

最初こそ抵抗があったものの、自分自身で殻を破ったことで、リーダーとして成長できていると感じるようにもなりました。

そんなある日、メンバーの1人から「話したいことがある」と言われ、面談をすることにしました。チームの中では一番年齢が近く、仕事の付き合いが長いメンバーです。

そこで唐突に言われたのは、「Eさんはリーダーとして信頼できない」ということでした。

自分なりに成長していると思っていたEさんは驚きました。

詳しく聞いてみると、他のメンバーからEさんに対し、「コミュニケーションが一方的で話を聞こうとしない」「何でも上からものを言う」などという声があがっているといいます。

「リーダーになってから急に威張るようになった」「そんな人は信頼できない」と口々に言っているそうです。

そのメンバーは、「チームの雰囲気がどんどん悪くなっている」「今のうちに改善しないとまずい」とチームのことを心配している様子です。

Eさんはその話を聞いてようやく、自分が意識していた「厳しさ」が全く逆効果となっていることを知りました。

Eさんはすぐに反省し、まずは改めて自分が好ましいと思っていた「フラットな関係のチーム」に立ち返ることにしたのです。

そこから少しずつメンバーとのコミュニケーションの仕方を見直しました。リーダーとして言うべきことをはっきり言うことは変えませんが、それに対するメンバーからの意見を必ず聞くようにしました。

また、威圧的な態度や言葉にならないよう注意し、メンバーが話しやすい雰囲気を心掛けました。

はじめは思うようにいかず、一度失った信頼を取り戻す難しさを感じたEさんでしたが、徐々にメンバーとのコミュニケーションは改善されていき、チームの空気

は少しずつよくなっていきました。

「信頼」のうえに「厳しさ」は立つ

Eさんの一番の問題は、リーダーに必要な厳しさの本質を、大きく勘違いしていたことにあります。Eさんはまず最初に、自身の接し方、態度、言葉で厳しさを示そうとしてしまったのです。

ビジネスにおける「正しい厳しさ」とは、発揮する能力や目標達成度など、仕事における要求レベルの高さであり、命令や強制によって相手を押さえつけることとは全く別のものです。

私が多くの会社を見てきた中で、チームの空気を悪くするリーダーの筆頭は、「権力や権限を笠に着る人」です。

メンバーと積極的なコミュニケーションもないまま、「上からの命令」を積み重ねていけば、メンバーからの信頼は失われる一方です。

また、礼儀や上下関係というのは、「厳しさ」と混同されることが多い要素の1つです。

これ自体は人間関係を円滑にするうえで必要ですが、行きすぎるとチームの空気は確実に悪くなります。

「行きすぎ」とは、メンバーが納得できないような、上からの一方的な押し付け、強制をいいます。

この「行きすぎ」によって生まれるのは、リーダーに対する不信感や不満、遠慮や相手を避ける気持ちであり、お互いのコミュニケーションの量を確実に減らします。

結果として仕事の質は下がり、問題の発覚は遅れ、仕事上の悪循環に陥っていくのです。

仕事の厳しさはあくまで要求レベルの「厳しさ」ということを理解し、伴せて礼儀や上下関係の行きすぎに注意を払わなければなりません。

チームをまとめるうえで、リーダーの「厳しさ」は必要です。ですが、まず大前提に、リーダーに対するメンバーからの「信頼」がなければ、厳しさは正常に機能しません。

相手からの厳しい要求は、その人との信頼関係があり、納得できる内容であって初めて受け入れられるものです。

リーダーからの指示命令に対し、メンバーが表向きには従っていても、本音では受け入れていないことは多々あります。**組織としては当たり前かもしれませんが、それを放置し続けると、チームの空気は悪化の一途をたどるだけです。**

反対に、メンバーとの「信頼」さえ構築できているのであれば、ときに厳しい指導や叱咤《しった》をしても、それによりメンバーとぶつかったとしても、根本を揺るがすような問題にはならないのです。

メンバーからの信頼を得るには、まず「人としてごく基本的な行動を積み重ねること」です。約束を守る、嘘をつかない、悪口を言わない。そういった当たり前のことをおろそかにしないこと。

そのうえで、相手の立場を考えて本音で話すこと、相手の話をよく聞くこと、自分から積極的にコミュニケーションをとり、相手を知ることです。

そうしたことの積み重ねに、リーダーとしての実績や人柄が加味され、信頼関係は醸成《じょうせい》されていきます。

相手の立場を考えない厳しさは、ただのパワハラにしかなりません。**逆に正しい厳しさが身に付けられれば、チームの生産性は上がり、メリハリのある、仕事をするうえで心地いい空気がつくれるはずです。**

そのために、まずはメンバーの信頼を得る取り組みから始めましょう。

Leader's Rule 3

リーダーの何気ない言葉ひとつで、見違えるほど空気はよくなる

〝空気〟を悪くするリーダーの口癖

「言霊《ことだま》」という言葉が示す通り、言葉の使い方や表現の仕方はリーダーが考えなくてはならない要素のひとつです。

日々の口癖《くちぐせ》はもちろん、メンバーに自分の意図をどうやって伝えるか、メンバーの気持ちをどう盛り上げるかなど、メンバーとのコミュニケーションやチームの雰囲気づくりにおいて「どんな言葉を使うか」はとても大切なことです。

なぜなら、言葉のニュアンスに対する感じ方は、人によって大きく異なり、相手の心理状態によっても180度変わるからです。**そういう意味では、リーダーの発する言葉は、チームの空気づくりによくも悪くも影響を及ぼすものだといえます。**

ここでは、1人のリーダーの「口癖」が、チームの空気を乱してしまった事例を紹介しましょう。

あるプロジェクトチームのリーダーCさんが、チームリーダーの役割を担うようになってから、もうすぐ1年になります。

20代、30代の比較的若いメンバーが多く、その中ではCさんが一番年上でした。ですからCさんは自分とメンバーとの距離感を近く保つことを意識し、メンバーへの声掛けやアドバイスなど、コミュニケーションにはかなり力を入れて取り組んできました。

その甲斐もあって、チーム内ではどんなことでも遠慮せずに言い合い、なおかつ相手の立場も考えて話し合う雰囲気が生まれ、Cさん自身もチーム内の風通しは、かなりよいという自負がありました。

そんな中、半年に一度の実施が会社から義務付けられている「メンバーとの個人面談」の席で、Cさんはあるメンバーからこんな指摘を受けました。

「Cさんがいつも言う口癖のせいで、自分たちのやる気が失われてしまいます」

しかしCさん自身は、自分の口癖などといわれても、全く心当たりがありません。

さらに聞いてみると、口癖は「どうせ……」ということでした。

例えば、何か相談を持ちかけたり、アドバイスを求めたりしたときに、「どうせ無駄」「どうせうまくいかない」「どうせ変わらない」など、いつも「どうせ○○だから」と、否定的なニュアンスの言葉が返ってくるというのです。

他のメンバーにも確認したところ、感じ方のレベルにこそ違いはありましたが、多くのメンバーが同じような印象を持っていました。

よくない言葉や口癖は自分で気付くことが難しい

今回Cさんが指摘された「どうせ……」という言葉は、その後に「無駄だ」「止めよう」「あきらめよう」「仕方がない」などが続き、現状をネガティブに捉えるものが多くなります。

そこには、人が思考を停止して行動することをやめてしまったり、周りのやる気や熱意を消してしまうニュアンスが含まれます。

また、他者を責めたり、一方的に不満を言ったりという姿勢につながりやすい言葉でもあります。

口癖というのは、繰り返して発せられることで、人の心に確実に浸透していきます。

それが進んでいくと他のメンバーも同じように「どうせ……」などと言い始めるようになってしまうのです。

チームの空気がそこまで荒《すさ》んでしまうと、元の状態に戻すのはなかなか難しくなります。

Cさんにとって幸運だったのは、こうやってメンバーが自分の口癖を指摘してくれたことでした。

その後Cさんは、この指摘を心にとめて、メンバーの行動意欲をなえさせないように、かける言葉には一段と注意を払うようになりました。

ただ、いくら気を付けるとはいっても、口癖というのは本人が無意識のうちに出てしまうものなので、意識することだけで改善するのは難しいものがあります。

そこでCさんは、新たに別の言葉を口癖にしようと考えました。

「悪い習慣をやめる」よりも「別の習慣に置き換える」と考えた方が、無理なく確実に実行できるのではないかと思ったのです。

いろいろ考えた末に決めた新しい口癖は、「どうすれば……」という言葉でした。

この言葉の後には、「どうすればできる?」「どうすればよくなる?」「どうすればば失敗しない?」など、相手に考えさせる質問や、前向きに行動することが前提になる言葉が続きます。

質問を投げかける言葉なので、相手を責めたり強制したりといったニュアンスにもなりません。

はじめのうちはぎこちなかったりもしましたが、これを意識して続けているうちに、メンバーみんなから、「Cさんは〝どうせ〟と言わなくなった」「今までよりもよく話を聞いてくれるようになった」と評価されるようになり、自分の工夫がいい方向に向かっていると実感することができました。

「ネガティブワード」よりも「ポジティブワード」をリスト化する

このように、リーダーが「いつ」「何を」「どんな言葉」で伝えるかはとても大事

なことです。

ですが、これを実践するのは簡単ではありません。**その点、Cさんのように、「ネガティブワード」を消すというやり方ではなく、「ポジティブワード」に置き換えるというのは絶妙な方法であり、実行しやすいものだと思います。**

以前「ネガティブ→ポジティブ変換」が話題になり、これに関する書籍や言葉を変換するスマホのアプリまで出たことがありました。

例えば「飽きっぽい」を「切り替えが早い」、「落ち着きがない」を「行動的」など、否定的な言葉を肯定的かつ前向きな言葉に言い換えるというものです。

こうしたことも一つの方法として考えられるでしょう。

加えて、「ポジティブな言葉を日頃から準備しておくこと」も大切だと私は考えています。

ある会社のリーダーに、言ってはいけない「NGワード」「ネガティブワード」をまとめているという人がいました。同じように、実際に日常で使うことが好ましい「ポジティブワード」をまとめてリスト化しておくと、その言葉が頭に残るようになり、実際に使いやすくもなります。是非、活用してみてください。

ここでの例はわかりやすく「口癖」でしたが、それ以外にもリーダーの何気ないひと言によって、チームの空気は大きく変わります。

自分の発する言葉を十分に選ぶこと、そしてなるべくなら、普段から前向きな言葉、肯定的な言葉をたくさん用意して、たくさん使うことを心がけましょう。

Leader's Rule 4

「背中で引っ張る」はやっぱり今の時代には合わない

メンバーが「メンタルダウン」するリーダーの典型

チームの生産性を上げるために、まずは自分から率先して動いてみせるというリーダーは多いことと思います。

とりわけ、バリバリ仕事をこなしてきたような現場上がりのリーダーは、**「自分がやってみせる」ことがチームのためになると考え、背中でメンバーを引っ張っていこうとしがちです。**

ところが、こういうタイプのリーダーは、その仕事ぶりが完璧すぎるがゆえに、ときに知らず知らずのうちに、**メンバーの「メンタルダウン」**を引き起こしてしまいます。

こうしたケースでは、メンバーもリーダーの期待に応えたいという気持ちが芽生えているため、つい無理をして自分自身を追い込んでしまう状況に陥りやすく、弱音も吐きづらいことが多いものです。**そして結果的に、チーム全体に疲弊感《ひへいかん》が漂い、空気がどんよりとよどんできてしまうのです。**

あるサービス業の会社の例を紹介します。ここは、仕事自体はとても忙しく、勤務時間も長くなりがちな、どちらかというと不人気業種といわれる業界の会社です。この会社のある部門に、立派な人格だと評判のリーダーがいました。

いろいろな人に話を聞くと、「誰よりも率先して働く」「指示も的確でとても仕事ができる」「口先だけでなく必ず行動が伴っている」などと言って、皆が口をそろえて褒《ほ》めます。

実際に現場でも、社員の誰よりも早く出社して掃除などの雑用も他人に押し付けずに一緒に行い、メンバーにはよく声をかけています。

社外のコミュニティにも積極的に参加しており、そこでもさまざまな役職を担っています。

物腰は柔らかく、品があって、仕事にはストイック。皆に尊敬されるのがよくわかり、社員の中には「このリーダーのもとで働きたい！」という声もあがるような人物です。

しかし、このリーダーの率いるチームには、1つの大きな問題がありました。それは、このリーダーの下で働くメンバーが、たびたび「メンタルダウン」を起こしてしまうのです。

業界的にも多忙で大変な仕事ということはありますが、理由を調べていく中で、原因はこのリーダーの行動にありました。

例えば、仕事に行き詰まっていたり、つらそうだったりするメンバーがいると、このリーダーは、**「君ならできる。僕だってやって来られたのだから！」「大丈夫、チャレンジしてみよう！」「僕もサポートするから頑張ってみよう！」**などといって励まします。

このリーダー自身は相当な努力をしており、率先して行動もしています。人柄も申し分のない立派な人です。ありがちな「自分のことは棚に上げて」「口先だけで」という人ではありません。

しかし、そんなリーダーから直接励まされれば、「いいえ、無理です」「つらいです」「できません」などと言えるような空気にはなりません。**その〝空気〟が一番の問題だったのです。**

ここで起こっていたのは、リーダーが優れた非の打ちどころがない人だったことで、周りのメンバーもそれに合わせざるを得ない、**要は「無理を強いられる」環境になっていたことでした。**

自分はつらくてどうしようもないが、それよりもっと大変そうに見え、なおかつそれをこなしているリーダーがいることで「自分も我慢するしかない」と思ってしまうのです。

こうしたネガティブな空気が蔓延《まんえん》した状態が続くと、メンバーの心や体は悲鳴をあげてしまい「メンタルダウン」が続出してしまいます。

いくら非の打ちどころのないリーダーでも、「自分ができるからみんなもできる」という考えでは、メンバーは疲弊していくばかりなのです。

「この人のために」と思われるリーダーになれ！

逆にこんなケースもありました。決して優れているとはいえない、ある専門技術系の会社にいたリーダーです。

こういう会社のリーダーは、だいたい社内でトップクラスの技術者であったり、現場からの叩き上げであったり、とにかく現場の技術的な部分にとても詳しい人が多いものです。

しかしこのリーダーは、細かな技術的な実務が苦手な人でした。

多くの場合、このタイプのリーダーは、メンバーから「仕事ができない人」と見られる傾向にあります。メンバーはリーダーを見下して指示通りに動かなかったり、指示を聞き流すことすら多々あります。

ただ、このリーダーはなぜかメンバーからはとても好かれ、信頼されていました。なぜなら彼は、とにかくメンバーとコミュニケーションをたくさん取っていたからです。

話の中身は「今はどんな状況？」「いつもご苦労様」「大変そうだね」「問題があったら言ってきて」など、どちらかといえば単なる声掛けに近い内容ですが、全員にまんべんなく、しかも頻繁に話していたのが、このリーダーがメンバーから信頼を得ている要因でした。

また、彼はメンバーを食事や飲み会によく誘っていました。しかも、顔ぶれや回数には偏りがなく、変な強制もしていません。

こういう場でも、「役に立たないから、せめてこのくらいは」などと言って、メンバーの話をいろいろ聞きます。メンバーが困っていることがあれば、会社に掛け合ったりもしています。

このリーダーは、確かに実務知識は足りないかもしれませんが、メンバーのまとめ役であり、モチベーターという役割も担っていたのです。周りもその行動を認めていました。

メンバーは「リーダーは頼りないから」「自分たちが頑張らなければ」などと、笑いながら話すような関係性なのです。

最初の事例のリーダーとは正反対ですが、**これがリーダーとして大切な人望です。**「この人のために」とメンバーに思われることこそ、リーダーに最も重要な資質なのです。**実務はいまひとつでも、いい〝空気〟をつくり出すためのコミュニケーションが奏功している好例と言えるでしょう。**

「相手目線」のないリーダーはチームを破綻に導く

リーダーの立場になると、何かと「他のメンバーより優れていなければならない」「自分の方がやらなければならない」などと思い込みがちです。

特に現場の実務に関しては、こうした意識を持つ人が多いのが事実です。しかし、最初の事例のように、自分自身が仕事のできるリーダーは、結果的にメンバーに無理を強いてしまう「弱音が吐けない環境」をつくり出してしまう場合もあります。

これは〝悪い空気〟です。

こうなると、そのチームはメンバーにとって「本音が言えない環境」になってしまいます。

もちろん、最初の事例に登場したできるリーダーにも悪気はまったくありません。むしろよかれと思ってやっているのですが、それが逆に問題でした。

「普通のメンバーはそんなに何でもできるものではない」

ということへの理解が足りなかったのです。

自分に厳しい人は、それが無意識であっても、他人にも同じことを求めてしまうことがあります。自分の基準で励ますばかりでなく、メンバーが甘えられる環境。**つまり〝空気〟をつくることが重要なのです。**

対して2つ目の事例にあったリーダーは、自分が万能ではないことや、劣っている部分があることを認め、自分にできることをメンバーの気持ちになって真面目に行うことで、結果的にはメンバーからの信頼を得ていました。そして、メンバーとよい意味で密なコミュニケーションを取ることで、チームに〝いい空気〟を吹き込んでいたのです。

思い当たるところがあるリーダーは、是非この点を意識してみてください。

Leader's Rule 5

結局「責任感の強さ」がもっとも空気を悪くする

〝苦手なこと〟に取り組んだリーダーの失敗

私はこれまでもさまざまなタイプのリーダーを見てきましたが、その中でも**最近とくに多いと感じるのが、できないことを無理にやろうとして、みすみすチームの空気を壊してしまう自滅型タイプのリーダーです。**

リーダーとはいえ人間ですから得意不得意はありますし、すべての業務を完璧にこなせるわけではありません。それなのに、責任感の強さ、はたまたメンバーに示しがつかないといった理由から、苦手な分野も自分の力だけで何とかしようとし、結果として失敗してしまうのです。

これは、あるＩＴ系の企業であった事例です。ＩＴ業界というのは、優秀なエンジニアの存在が業績に直結するところがあり、昔から人材採用には積極的です。この会社でも、果敢に採用活動を続けていますが、業界内での競争が激しいこともあり、なかなか思い通りに人材を確保できない状況でした。

そこで、人材採用を強化する目的で、新卒採用活動の進め方を一新することになりました。

採用選考のプロセス、面接官の構成、パンフレットの内容など、多くの点で見直しがなされましたが、特に大きく変えたのは、会社説明会の進め方でした。

とりわけ売り手市場の昨今、応募者は企業理念やビジョンなど、会社が持っている価値観や方向性、社風といった点を重視する傾向にあり、リーダー自らの言葉でそれを語りかけることが自社をアピールするうえで効果的だと言われています。

そこで、この「ビジョンを語る役割」を、今回の新卒採用活動を統括しているメインリーダーが担うことになりました。

しかしこのリーダー、実はそれまでは開発側の部署でリーダーを務めていたため、人前で話すような機会がほとんどありませんでした。本人も自分が性格的に寡黙《かもく》なタイプであることを自覚していましたし、**人前に出て話すことに苦手意識を持っていたのです。**

とはいえ採用活動のリーダーとなると、さすがに「得意ではない」では済みません。性格はとても真面目で責任感がある人物なので、彼自身もこの件に関して、当然自分の役割だと理解していました。

話すのが苦手なことは、誰より自分が一番よくわかっている。それゆえ説明内容を事前に細かく詰め、緊張しないよう何度もリハーサルをするなど、自分なりに一生懸命準備をしていました。

そして、会社説明会当日を迎えました。相応の準備をしたにもかかわらず、残念ながらその結果は惨澹《さんたん》たるものでした。人前で話すのが得意でないことに加え、不慣れということや極度の緊張が重なって、会社説明会の本番は、非常に淡々とした棒読みの状態となってしまいました。

声が小さいうえに、目線を上げて語りかける余裕すらなく、どうみても地味な雰囲気で、とても活気がある会社のようには見えません。内心焦っているリーダーが一生懸命に語ろうとすればするほど、参加者の気持ちが離れていくのが手に取るようにわかる状況でした。

他のメンバーも、このリーダーがさすがにそこまで話せないとは思っていなかったので、慌ててフォローをしはじめましたが、時すでに遅し。**リーダーがつくり出してしまった「活気がない地味な雰囲気」は、結局最後まで回復することができませんでした。**

この日は50名近い参加者が集まった説明会だったにもかかわらず、その後の選考に進むことを希望したのは、たった3名だけというありさまでした。

「頑張り」が失敗に終わった理由とは

リーダーは会社のビジョンや理念を語れなくてはならない――。

これは巷《ちまた》でもよく言われていることです。このリーダーも自分の担うべき役割をきちんと理解していたからこそ、できる限りの準備をし、たとえ苦手でも克服しなくてはならないことだと自ら進んで取り組みました。

しかし、このときはその気負いが裏目に出てしまい、かえって失敗につながってしまったのです。

失敗したこと自体はあくまで結果論ですが、このリーダーの行動には、実は「失敗につながる要因」がいくつかありました。

最も大きな要因は、「自分の果たすべき役割に他のメンバーを巻き込もうとせず、すべて自分だけで対処しようとした」ことです。

このリーダーは、新卒採用の担当になったばかりということもあり、他のメンバーとの関係性やコミュニケーションにまだ不十分なところがあると認識していました。そのため、メンバーの信頼を得たいという思いから、まずはこの役割を全うすることを目標としました。そこで力が入りすぎてしまったのです。

結果、事前準備もほぼ自分だけで行ない、周りのメンバーに意見を求めたり相談したりということを一切しませんでした。そこには、1人でやらなければ、という焦りやプライドもあったことでしょう。

いずれにしても、結果は散々でした。**結果が伴わなければ、どんなに素晴らしい「責任感」でも、チームにとってはマイナス要因として働いてしまうのです。**

「あえて弱みをさらけ出す」勇気を持て！

リーダーの役割は、「仕事を成功させること」「結果を出すこと」に間違いはありません。そのうえで忘れてはならないのが、「組織、チームとしての能力を最大限に活用し発揮する」という全体を俯瞰《ふかん》した視野です。

つまり、チームのメンバーにはそれぞれの特徴があり、それぞれに見合った適材適所の施策を実践することが重要だということです。

そして肝心なのは、リーダーという立場であってもそれは同じだということです。苦手なことや不得手なこと、うまくできないことは、勇気を持って他のメンバーに任せる、あるいは相談しながら進める。それによって、チームが最大の成果を実現できるよう采配しなくてはなりません。

「自信のない部分をさらしたらメンバーに舐められたりするのではないか」と思われる方もいるかもしれません。

ですが、素直に頼られるほどメンバーはリーダーを助けたい、期待に応えたいと思うものですし、それがよい空気づくりにつながっていくのです。

私自身、以前こんな経験をしました。あるクライアントに、仕事がらみの儀礼的な会合に誘われたのですが、私はそうしたパーティや会合が正直、苦手でした。

加えて、その会合は、特に人脈が得られるわけでも、いい情報が得られるわけでもなく、ただ時間の無駄という気がして、あまり気乗りがしなかったのです。そして案の定、会合での成果は思わしいものではありませんでした。

後日、たまたま私の部下との雑談の中で会合の話題になり、「自分はあまり会合の場が得意ではない」と素直に話しました。

するとその部下は、「実はちょうどいま、出張予定とある会合の日程が被ってしまっていて、マネージャー（私）が行ったほうが話がスムーズなので、よければ出張に行ってもらえないかと相談しようと思っていたんです」と言うのです。

彼と話し合った結果、苦手な会合を彼に任せ、代わりに私が出張することにしました。それで丸く収まったのです。**こうやって自分の苦手なことや弱みをはっきり伝えると、意外にも部下からサポートしてもらえるものなのです。**

リーダーとしての責任感は非常に大切なことですが、そればかりを優先させると、「自分でやらなければならない」「人には任せられない」「リーダーがやるべき」など、何もかも自分で背負ってしまう状況に陥ります。

さらに「弱みは見せられない」「苦手とは言えない」など、自身のプライドまでかかわってくると、重圧は加速します。これでは自分を含め、チームとして全員の能力を最大限に発揮させることは難しくなってしまいます。

形式的な「あるべき姿」にとらわれるのではなく、適材適所で現実的な役割を考える。そこで自分の苦手なことがあれば、それをはっきりと伝え、自分よりも得意な他のメンバーに任せる。こういうサイクルをチーム内につくることができれば、メンバー全員が本音で話し合い、チーム全体の結束力も高まり、よい空気が流れはじめます。

完璧である必要はありません。何よりも重要なのは、責任感に縛られすぎず、肩の力を抜いて本音を語ることから始めてみることです。

Leader's Rule 6

多くのリーダーが、「チームのため」と言いつつ利己的な要求をしている

"押し付け"がもたらしたチームの崩壊

チームの空気を壊すリーダーの典型例として、自分の成功の実績に基づく「理想」を、メンバーに無理矢理押し付けてしまうケースがあります。

例えば、自分を育ててくれたリーダーのやり方を、自分がリーダーになったときにそっくりそのまま取り入れる。あるいは、あるチームをまとめあげた実績を評価され、別のチームを率いてくれと会社から依頼されたときに、前のやり方をそのまま踏襲《とうしゅう》する。

もちろん、過去を真似てうまくいくケースもありますが、会社におけるチームの役割やメンバー個々の能力をきちんと理解せずにそれをやると、たちまち空気は破《は》綻《たん》します。

その手のリーダーに決定的に欠けているもの、それは柔軟性なのです。

あるチームに新任の男性リーダーがやってきました。このチームは社内のバックオフィスを一手に担っており、メンバーの半数は女性という構成です。全社からさまざまな仕事が集まってきますから、業務量もそれなりに多いところです。

しかし、ベテランのメンバーを中心としてチームワークがよいと評判で、少ない人数で効率的に業務を回していました。

配属された新任のリーダーは、これまで長く営業畑で経験を積んできた人です。本人が「もっと会社全体の仕事を知りたい」と希望し、このチームのリーダーに抜《ばっ》擢《てき》された経緯がありました。

いろいろな仕事に積極的に取り組もうという発想の人なので、「もっと上を目指したい」という上昇志向は強く、多少のハードワークもいとわない仕事熱心なリーダーで、会社からも期待されている人材の1人でした。

着任して早々、そんな新任リーダーの目には、このチームの仕事ぶりが何となく物足りなく映りました。確かにみんなテキパキと動いてはいますが、どうも活気のようなものを感じません。

特に気になったのは、以前の営業のチームと比べ、仕事中の会話が少ないということでした。お互いにもっと確認しなければならないことがあるはずだし、雑談も含めてもっと会話をして、コミュニケーションをとるべきだと思ったのです。

また、このチームのメンバーは、定時になるとほとんどが仕事を終わらせて帰ってしまいます。仕事自体はきちんと終わっているので何の問題もありませんが、やはりリーダーの目には、同じ会社で働く者として物足りなさを感じました。

そこでリーダーは考えました。どうしたらメンバーがもっと積極的に仕事に取り組めるだろうか。どうしたら自分を高める意識を持てるだろうか。そのために、自

分は何ができるのだろうか。

それからしばらく経ったある日、リーダーはそんな思いをメンバー全員に伝えました。話したのはこんな内容のことでした。

「自分の力を高めるためにもっと働いて、もっと頑張って稼ごう」
「そうやってよい評価を受けて、給料を上げよう」
「もっと会話をして、明るい雰囲気にしよう」

これは、リーダー自身が今まで実践してきたことです。そのおかげでチームをまとめてきたという自負もありました。自分としてはこの考え方に疑いの余地はありません。

よって、その後も機会があるたびに同じような話をし、メンバーへの働きかけを続けていたのです。

しかし、あるときから徐々にリーダーに接するメンバーの態度が変わってきたのです。必要以上のコミュニケーションを避け、リーダーから距離を取るようになったのです。

リーダー自身はその理由が全く理解できません。仕事上で問題が起こる状況までには至っていないものの、メンバーとのコミュニケーションがうまくいっていないことは間違いなく、このままではいつか必ず問題が起こると、危機を感じていました。

新任のリーダーとして、自分のリーダーシップが受け入れられていない状況は、そのまま放置できるものではありません。**自分では当然だと思っていたことが、メンバーから全く理解されていないのです。そのことに対する苛立ちと焦りを覚え始めていました。**

認識不足から起こったメンバーの不満

そんな状況を立て直そうと、この新任リーダーは、改めて全メンバーを集めてミーティングを行うことにしました。ミーティングでは、いつものようにリーダーが自分の考えを述べた後、それぞれのメンバーに正直に意見を求めました。そこで、最初に話し始めたベテランの女性が言ったのは、こんなことでした。

「みんなで稼ごうというのは、私たちにもっと残業しろということですか？」
「上を目指そうというのは、いったい何を求めているのですか？」
「昇進したいとか、給料をどんどん上げたいとか、そういう意識で仕事をしている訳ではありません」

このチームは、社内のバックオフィスを担っていますから、日常の決められた業務をいかにミスなく効率的に進めるかが、最も大事な役割です。当然その中で改善努力もしていますが、何かが劇的に変わるようなことは少なく、日々の小さな工夫の積み重ねで、少しずつ業務効率を上げていくのが実情でした。

さらにメンバーの半数を占める女性のうち、子育て中の人が何人かいます。家庭と仕事の両立を考えれば、効率よく仕事を終わらせて家庭のことにも時間を割く必要があります。

よって、就業中はできるだけ仕事に集中し、雑談なども最小限にとどめ、早く仕事を終わらせようというのが、このチームメンバー同士の共通理解（コンセンサス）でした。

そんなチームにやってきた新任リーダーが、「もっと働こう」「もっと稼ごう」「もっと話そう」と言い出したことは、メンバーにとっては「稼ごうといっても急に給料が上がるわけでもない」「上を目指そうといわれても何をすればいいのかわからない」「そんなことでは仕事の効率が下がるだけ」という反発の気持ちしか生まれません。

正直、「今までよりも仕事がやりづらくなった」という思いしか生まれていな

かったのです。

一方の新任リーダーに、そんなつもりは全くありませんでした。しかし結果的には、自身が経験してきた職場の雰囲気や自分の価値観を、このチームにも当てはめ、押し付けていたのです。

仕事と家庭の両立などは、リーダー自身が仕事中心の人だったこともあり、認識が浅いところもありました。それ以前に、このチームのメンバー間で共有されていた価値観と、新任リーダーが押し付けた価値観とは、かなりの乖離《かいり》があったのです。

それにより、このリーダーは、メンバーの目には「仕事の優先順位がズレている、非効率な働き方で長時間労働を要求する人」という風に映っていました。

職種の違い、役割の違いをきちんと把握すること

このミーティングを機に、新任リーダーは「自分の振る舞いには一方的な価値観の押し付け、思い込みがあった」ということに気付きました。

そして、その後はメンバーたちと相談しながら、このチームのよりよい運営とはどんなものかを考えるようになったのです。

そうして考え方を改めてみると「なぜメンバーの仕事ぶりが物足りなく見えたのか」ということが、リーダー自身の中でだんだんわかってきました。

リーダーが決定的に間違っていたのは、職種の違いや社内での役割の違い、仕事に取り組むうえでの優先順位の違いをろくに認識もせず、紋切り型の柔軟性を欠いた視点でチームを運営しようとしていた点です。

このチームにとっては、「もっと稼ごう」「もっと話そう」はモチベーションを低下させる言葉でしかなかったのです。

それならば、「もっと効率をよくしよう」「もっと社員に喜ばれることをしよう」と言ったほうが、チームの空気はよくなっただろうということでした。

こうして、新任のリーダーが、チームの「空気」を理解したことで、チーム全体の仕事のレベルが少しずつ上がり始めました。このチームでの「上を目指そう」という言葉の意味もメンバーにとって明確になり、それがメンバー同士で共有されるようになってきたのです。

このように、自分にとってモチベーションが上がることであっても、他人にとってはそれがストレスにしかならないことがあります。このケースでは、リーダー自身が自分の思い込みに気付いたことで、チームはいい方向に回り始めました。

しかし、もしもリーダーが自分自身の問題を理解せず、自分が変わる気もなく、自分の価値観に周りを巻き込もうとし続けていたとしたら、どんなによいチームでも、その空気はあっという間によどんだものになってしまいます。

自分のやり方を貫くことは、リーダーシップではありません。思い込みや価値観にとらわれたり、過去の成功にとらわれたりせず、常に柔軟な思考を持ってチームの状況や役割を把握し、それに応じた空気づくりを意識することが、真のリーダーに求められることなのです。

Leader's Rule 7

「やりがい」や「お金」よりも「安心感」が空気をつくる

トップダウンでも寄り添えるリーダー

皆さんは「心理的安全性」という言葉を聞いたことがあるでしょうか。もともとは心理学用語でもあるこの「心理的安全性」とは、**「他者への心遣いや同情、配慮や共感」などを指します。**

メンバーのメンタリティを左右する「心理的安全性」は、チームの空気づくりにおいて不可欠な要素といえます。

この言葉を聞いて私が思い出すのは、２人のあるリーダーです。性格も行動も正反対の2人でしたが、それぞれのチームを成功に導く手腕がありました。そこには共通して、「心理的安全性」があったのです。

1人目のリーダーAさんは、いかにもリーダー的な雰囲気を持ち、何事にも積極的な明るい人です。チームのまとまりを重視し、ミーティングもよく行うタイプでした。

その基本的な仕事の進め方は、メンバーが今の仕事の進み具合や問題点などを報告し、それに対してAさんが指示を出す形です。メンバーからの意見は聞きますが、最終的に判断して決めるのはAさんです。

まさにトップダウンのスタイルによるチーム運営です。

Aさんは、実際に仕事をしているメンバーの様子をよく観察しており、何か気になることがあれば、メンバーにすぐ声をかけます。仕事の進め方で行き詰まっていれば状況を聞いてアドバイスをし、体調が悪そうな者や疲れていそうな者がいれば、早く帰らせたり業務調整をしたりします。

Aさんの優れたところは、メンバーのレベルによって接し方、業務の振り分けをうまく変えている点でした。任せられる範囲を的確に判断し、能力の高い人には広く、そうでない人にはこと細かく指示を出します。

いずれにしても、どのメンバーにも仕事を丸投げすることはせず、自分も一緒にかかわるのをモットーとしていました。

また、チームでの食事会や飲み会、レクリエーションのようなイベントもよく実施し、メンバー間の距離感を縮めるための取り組みにも積極的でした。

Aさんのことをメンバーに聞くと、「常に仕事ぶりを見ていてくれる」「指示が的確」「何でも相談できる」など、安心感を抱いていることがわかります。**これこそが「心理的安全性」です。**

近年、トップダウンのリーダーが否定的にみられる傾向がありますが、Aさんの場合、トップダウンといっても、メンバー一人ひとりを理解し、細かなマネジメントをしていました。**そのため、チームには常に仕事のやりやすい空気が流れていて、業務もいい形で回っています。**

いざというときに頼れる「スペシャリスト」のリーダー

もう1人のリーダーBさんは、寡黙でやや職人気質なところがある、あまりリーダーらしくは見えないタイプです。威圧感もなく、どちらかといえば地味でおとなしい感じの人で、自分から進んで前に出ていくようなこともありません。ただし現場の実務には精通しており、かなり専門的なことや技術的なことでも、聞かれたことはほとんど答えられます。**まさに「スペシャリスト」といえるリーダーです。**

Bさんの基本的な仕事の進め方は、メンバーのやりやすいように、それぞれのやり方に任せるというスタイルです。仕事の分担であったり、節目節目の進捗確認であったり、最低限のマネジメントはしますが、それ以外のことは基本的にメンバーにお任せとなっています。

一見すると丸投げ、放任のように見えますが、実際はそうではありません。リー

ダーが実務に長けたスペシャリストなので、いちいち細かく見ていなくてもメンバー全員の仕事の状況をしっかり把握できているのです。

また、普段はメンバーが個々に仕事を進めていることが多いのですが、チームとして何か決めなければいけないときには、必ず全員で話し合って決めます。

Bさんが一方的に指示をしたり、一部の関係者だけで決めたりということはしません。

常にメンバー全員の意見を聞き、話し合って決めるというチーム運営のスタイルがBさんの特徴です。

このBさんのリーダーとしての真骨頂は、チームが何かしらのトラブルに見舞われたときに発揮されます。このときに限ってBさんは実務の先頭に立ち、メンバーに指示を送りながら対応を進めます。そして確実に火を消します。

経験豊富なBさんの中では起こり得るトラブルの想定があり、もしものときの準備があるのでしょう。

加えてBさんは、トラブルやミスがあっても、決してメンバー個人を責めません。話を聞いて指示を出し、一緒に実務作業もします。もちろん反省は促《うなが》しますが、あくまでチームとして将来に活かすということで、やはり個人を責めることは一切ありません。

ですから、このチームのメンバーは、自発的にBさんによく報告、相談をします。ミスを隠しても結局Bさんに迷惑をかけるだけであり、そうならないためには、早めにいろいろとアドバイスをもらっておいたほうがよいことを知っているからです。

メンバーにとってこのチームは、仕事を任されることで自分の能力を高めることができ、もし失敗しても許される環境なので、それがメンバーの安心感につながっています。

正反対のリーダーでも共通していたこととは？

Aさんと Bさんは、チームの運営方法やリーダーシップの取り方、メンバーとの接し方や自身の性格、考え方まで、それぞれ正反対といってもいいほど違っています。

しかし、どちらのチームもメンバーはリーダーを信頼し、安心して仕事をしています。メンバー同士もお互いに配慮や気づかいがあり、遠慮なく話もできます。これこそが、自分を受け入れてもらえる「心理的安全性」の高いチームといえるのです。

先に申し上げた通り、2人のリーダーには正反対の性質があります。ですが、彼らのチームに「心理的安全性」が根付いたのは、実は両リーダーが次の3つを同じように実践していたからです。

まず1つ目は「最後の責任はリーダーが取る」ということです。

どちらのリーダーも、仕事上で起こったことをメンバーの責任にはしません。ミスが起こらないように常に見守る、ミスが起こったら確実にフォローするなど、やり方は少し違いますが、必ずメンバーと一緒に仕事に取り組み、最後の責任は自分がとるという態度が明らかです。

2つ目は「メンバー個人を決して責めない」ということです。

Aさんの場合は、責めるようなことが起こらないよう、日常のマネジメントを細かくやっていますし、Bさんの場合は、いざとなったら自分がすべてリカバリーできるという考えのもとで、日々の仕事を進めています。

そしてどちらのリーダーも、仕事のミスやトラブルはメンバーのせいではなく、自分の責任だと思っています。だからメンバーを責めません。

もし仮にミスを責めたとすると、メンバーは当然、「次はそうなりたくない」と考えます。

責められないように、何とか自分でミスやトラブルを解決しようとし、その結果として発覚が遅れ、問題は一層大きくなります。

するとメンバーはさらに強く責任を感じ、心理的にどんどん追い込まれていきます。**これは「心理的安全性」からはかけ離れた状況です。**

仕事上のミスやトラブルがあったとき、そのことを責めても責めなくても、かかわったメンバーは責任を感じています。

メンバーを責めて心理的に追い込むよりは、責めることなく一緒に解決策を考えるのが得策といえるでしょう。

最後の3つ目は「本当の意味での厳しさがある」ということです。

例えばAさんに対しては、世話を焼きすぎ、構いすぎで甘いと思う人がいるかもしれません。しかしAさんは必ず自分のリーダーシップで物事を決め、仕事の進め方も決めています。

当然目標が定められ、メンバーはそれに基づいて仕事をすることが求められるでしょう。途中経過もその都度確認されていくわけですから、仕事の進め方としては厳しいものだといえます。

これはBさんも同じで、一見放任主義で自由なように思うかもしれませんが、各自に仕事のやり方が任されるということは、当然それに対する成果が求められます。それだけ、各メンバーの責任が重いということになります。

サボっていれば、Bさんにはその状況がお見通しでしょう。

自分が責任を負って仕事を進めなければならないということは、やはり厳しいものなのです。

「厳しさ」というと、ついつい言葉のニュアンスのキツさや人当たりの厳しさと勘違いしてしまいますが、「本当の厳しさ」というのは、「要求するレベルの厳しさ」のことなのです。

これがどちらのチームにも共通している点です。

このように、成功するチームのリーダーは「心理的安全性」が高いチームをつくっています。メンバーが安心感を持つということは決して甘えではなく、成果をあげるチームづくりのために必要なことです。

そして、「心理的安全性」を高めるためのアプローチは、決まった形があるわけではなく、リーダーのスタイルによってさまざまあります。

ひとえに大切なのは、メンバー全員から「いかに信頼されるか」。そのためには、「約束を守る」「嘘をつかない」「相手を傷つけない」など、人として当たり前の振る舞いを常に忘れず、リーダー自らが本音を語り、メンバーを信頼することです。

チームの安心感というものは、そうした空気の中で育まれていくのです。

Leader's Rule 8

リーダーの「なぜできない？」はイジメと変わらない

能力不足を責めてしまうダメなリーダー

いくら指導をしてもなかなか仕事が進まないメンバーはどんなチームにも必ずいます。

どうやってこのメンバーの能力を伸ばしたらいいだろう。リーダーはそんな風に考えて試行錯誤することでしょう。

メンバーの能力不足を改善するのはリーダーの仕事です。ですが、そのやり方に問題があれば、たちまちチームの一体感は失われ、空気も悪くなります。

能力不足を厳しく指摘したり責めたりする心ないリーダーはもってのほかですが、難しいのは、リーダーが無意識にメンバーを追いつめているケースです。

そこで次の事例をヒントに、能力が劣るメンバーに対する指導について考えていきましょう。

メンバー指導に熱心なリーダー、Iさんのもとに、あるメンバーが退職意向を申し出てきました。「自分はこの仕事に向いていない」のだと言います。

このメンバーは、確かに何でも要領よくこなせるような器用さはなく、他のメンバーに比べて仕事の覚えが遅いところがありました。

ですが、Iさん自身はこのメンバーを熱心に指導してきた自負があり、仕事もそれなりにこなせるようになってきたと見ていました。エースになるのは難しくても、チームへの貢献は間違いなくあります。

Iさんは、「今までのように頑張れば、十分にやっていけるだけの能力はある」「チームにとって必要だ」と説得を試みますが、このメンバーは、「追加で時間をかけて指導されることが重荷だった」「このまま頑張り続けることはできない」と言います。

確かにIさんは、このメンバーの能力不足を感じ、他のメンバー以上に時間をかけて熱心に指導しました。ですが本人にとっては「他の人より時間がかかる」「仕事の覚えが悪い」ということを突き付けられ、能力不足を責められているように感じられたのです。

実際、指導されている場面でも、Iさんから**「なぜできない？」「なぜわからない？」**と繰り返し言われることがあり、申し訳ないという気持ちばかりが強くなっていったといいます。

自分なりには頑張ったが、それでもようやく人並み程度。ならば「自分はこの仕事に向いていない」という結論に達したというのです。

結局このメンバーの退職を引き留めることはできませんでした。

いろいろ心配になったIさんは、残ったメンバーに改めて自分の指導の仕方をどう思っているかを尋ねてみました。

すると、退職したメンバーと同じように**「能力不足を責められている」**ように感じているメンバーが他にも数名いることがわかりました。**やはり「なぜできない？」「なぜわからない？」と言われたり、他のメンバーと比較されたりすることが大きな原因です。**

また、メンバー同士の間でも、「できない人はアテにしない」など、能力不足と見たメンバーを排除するような雰囲気があることもわかりました。Iさんは決して意識的にそうしていたわけではありませんが、**Iさんの接し方を見ていたメンバーに、いつの間にか能力不足を責めるような雰囲気が伝染していたのです。**

このことをきっかけに、Iさんはメンバーへの接し方を考え直します。

まず、責めるように聞こえてしまう言葉遣いを一切やめました。**「なぜできないか」ではなく、「どうやったらできるか」「どこまでならできるか」と言い方を変え、メンバーと一緒に考えるようにしました。**

さらに、それぞれのメンバーの能力や個性を見て、それに沿った業務分担をし、チーム内での適材適所を心がけました。

すると、徐々にメンバー同士がサポートし合う雰囲気が生まれ、チームとしてのまとまりが強くなってきたことを実感できるようになってきたのです。

リーダーがすべきことは「相手目線での指導」

この例のリーダー、Iさんは、決して意識的にメンバーを責めていたわけではありません。

熱心に指導しようという姿勢が、かえってメンバーの劣等感を刺激する結果となっていたのです。

いくら熱心に教えたとしても、苦手なことをやり続けるのはやはり本人にとっては苦痛です。たとえメンバーが頑張ると言ったとしても、ムチを入れられているような状態は長続きするものではありません。

「苦手なことをできるようにする」「弱点を直す」といった指導は、教える側もついついきつい口調になりがちですが、そうやってできないことを繰り返し修正しよ

うとしても、急に能力が高まることはありません。

仕事内容、量、難易度や時間などを調整しながら、メリハリをつけた指導が必要になります。

「『なぜできない？』と他人の能力を責めるのは、イジメと同じだ」

これはある会社の社長の言葉です。

リーダーの基準でできると判断し、実際にやらせてみたら能力が足りず達成できなかった。それ自体は起こりうることです。ですが、できないものはできないのに、それを指摘して責めるのはイジメと同じことだというのです。

この社長はさらに、**「できないことを責めるのではなく、相手の能力をよく考えて、相手目線で指導しないといけない」**とおっしゃっていました。

これは私が今まで見てきた優れたリーダーたちの行動とも一致します。

個々のメンバーがどんな能力を持っているのかは、リーダーとしてしっかり把握

していなければならないのです。

「YOU」を「I」に置き換える

最近は一部のリーダーの中で、すぐに「使えない」「いらない」といった言葉で相手を非難したり、少しでも能力不足を感じると、早い段階で戦力とみなさずに排除したりする光景を見かけることが増えました。

確かにビジネスのスピードは速くなり、一つひとつのことに時間をかける余裕はなくなっています。しかし、能力不足を責めたり、できないからといって切り捨てても、何も問題は解決せず、チームの総合力は逆に低下していきます。

いかにメンバーに最大の能力を発揮させるかを考えるならば、メンバーが持つ能力を放棄、排除するという選択はあり得ません。**チームにあるすべてのリソースを活かそうとしなければ、リーダーとしては失格なのです。**

ここで大事になってくるのが、適材適所の考え方です。できないことをできるようにする努力は、ビジネスパーソンとして必ず取り組まなければならないことですが、スキルを身に付けるためには、それなりの時間が必要です。

その捉え方を間違えてしまうと、**「なぜできない」「これくらいはできて当たり前だ」**などと非難したり、無駄な頑張りを要求することになります。

同じ頑張りならば、できないことや苦手なことに時間を費やすよりは、少しでもできること、得意なことや向いていることに時間と労力を使ったほうが、チームの総合力アップのためには早道です。

最後に、相手を責める口調になるのを避けるために私が意識していることとして、**「I《アイ》メッセージ」**というものがあります。相手を主語にした**「YOU《ユー》メッセージ」**は、どうしても相手を責めるニュアンスになりやすく、これに対して自分を主語にした**「Iメッセージ」の方が、自分の感情を伝えるニュアンスになり、相手が受け入れやすい柔らかな表現になるというものです。**

例えば、「(あなたは) なぜ遅刻したのか」ではなく、「(私は) 遅いから心配していた」と伝えるのです。どうでしょうか。そのほうが相手にとっては受け入れやすいニュアンスになると思いませんか。

できるリーダーは、メンバーの能力不足を責めることはせず、何がどれだけできるかをメンバーと一緒に考えます。そのためにメンバー個々の能力を見極めて適材適所を考え、それぞれに合わせた指導をしています。

ある分野の仕事は苦手でも、別の仕事で個性を発揮することは必ずあります。それをしっかり見つけていけば、チームの総合力は確実に上がっていくのです。

Leader's Rule 9

新任リーダーは、だいたい無意識に空気を悪くする

前リーダーの姿勢に不満があった新任リーダー

「反面教師」という言葉があります。

悪い見本を反省や戒《いまし》めの材料にして、自分はそういう行動をしないことを意味します。

読者の皆さんも、そんな材料になってしまったリーダーと接したことがあるのではないでしょうか。

例えば、前リーダーに不満を持っていたあなたが、ついに新任のリーダーとして

チームを率いることになったとします。きっとあなたは、自分はあんなリーダーにはなりたくないと、意気軒昂《いきけんこう》にチームの立て直しに取り組むことでしょう。

ところが、その**「反面教師」には注意すべきポイントがあります。そのポイントを意識していないと、前任者と同じ轍《てつ》を踏むどころか、チームをもっと悪い空気に陥れてしまう可能性があります。**

そんなケースをIさんの例で見てみましょう。

最近新たにチームリーダーを任されることになったIさんは、それまでチームのサブリーダーとしての役割を担ってきた人物です。チームでの業務経験が長く、事情をよく知っていることから、新たにリーダーに抜擢されました。

Iさんは、実はそれまでのチームリーダーとは、あまり折り合いがよくありませんでした。前リーダーの指示の出し方や運営方法に、納得できないことが多々あったのです。

特に前リーダーは、一切メンバーの意見を聞いたり事情を説明したりせず、「いいからやれ！」というような一方的な指示命令を出すことがたびたびありました。

Iさんも、前リーダーとはいろいろ意見を交わしながら仕事を何とか進めていましたが、前リーダーのその姿勢だけは変わることがなく、日頃からかなりの不満を持っていました。


そんなIさんが新しくチームリーダーとなったことで、彼は当然、今まで自分が感じてきたことをチーム運営に活かそうと考えます。

メンバーに対しては、まず「一方的な指示はせず、意見を聞く」「できるだけ事情を説明する」という方針を掲げ、そのためにミーティングの機会を増やし、メンバーへの声掛けを意識的に行うようにしました。

こうして、前リーダーを反面教師にしてチーム運営を変えたことで、Iさんなりにリーダーとしての手応えを感じていました。

反面教師にしたつもりが何も変わっていない

そんなある日、定例のミーティングの最中にＩさんがメンバーからこんなことを言われました。

「Ｉさんは一方的に指示するばかりで、私たちの話を聞いてくれないですね」

Ｉさんとしては、自分が一番意識していたことですから、メンバーからのこのひと言は大きなショックでした。詳しく話を聞くと、さらに言われたのはこんなことでした。

「ミーティングで話しているのはいつもＩさんだけ」
「やり方をその都度細かく言われるのがやりづらい」
「説明が多いわりに、なぜそうしなければならないのかがわからない」

こう言われてIさんは、ハッと気付きます。それは自分のやっていたことが、前リーダーのチーム運営のやり方と、結果的にほとんど変わっていなかったということです。

ミーティングの機会はつくりましたが、確かにそこで話していたのは自分が中心です。前リーダーはミーティングなどを行わずに、自分の考えばかりを話していました。

なのでIさんはそれを一方的だと感じていましたが、Iさんがやったことは「リーダーの考えを話す場をミーティングにした」だけで、一方的なところは変わっていませんでした。

また、意識して行っていたメンバーへの声掛けも、メンバーからすれば、仕事の状況を聞かれ、「ではこうしなさい」と事細かにやり方を指示されるだけのことだと感じていたのです。

さらに「事情を説明する」というのも、思い返せばIさん自身の問題意識による説明だけで、**結果的にメンバー目線で考えることは少なかったのです。**

このように、Iさんのリーダーとしての一連の行動は、「いいからやれ！」という強引な発言こそしていなかったものの、ほとんどが前リーダーのやっていた行動と実質は変わっていなかったのです。

自分が接したリーダーと「無意識」に同じ行動をする

では、反面教師を意識していて実際に行動も変えていたつもりのIさんに、なぜこういうことが起こってしまったのでしょうか。

Iさんの場合、今まで本格的に仕事で接したリーダーは、前リーダーがはじめての人でした。その後を継いでIさんがリーダーになったのですが、自分のロールモデル（手本）となるリーダーは、よくも悪くも前任の人しかいませんでした。

リーダーとしての役割を持つ人は、往々にして自分が無意識のうちに、過去に接したリーダーと同じ行動をしていることがあります。

よい部分だけなら問題にはならないのですが、自分が批判的に思っていたような悪い部分も、知らずなぞってしまうことがあるのです。

自分が過去のリーダーのやり方に反感を持っていたことは、それを強く意識していれば反面教師にすることもできますが、そうでないことは無意識のうちにノウハウとして自分の引き出しにしまわれているもので、意外と同じ行動をしてしまうのです。

特にIさんは、自分が接してきたリーダーの数が少なかったこともあり、なおさらその傾向が強く出てしまったのです。

謙虚に学び直して成功したリーダー

メンバーからショッキングな指摘を受けたIさんは、ここから**「自分が変わらなければダメだ」**と思い立ちます。

まず実施したことは、自分の考えを先に言うのではなく、とにかくメンバーからの話を「先に聞く」ことでした。

Ｉさん自身、正直に言って何をどうすればよいのかわからないと途方に暮れていましたが、**「どうせわからないのだから、知ったかぶりをせずにメンバーの意見を素直に聞こう」と謙虚に考えることにしたのです。**

こうしてＩさんが自身の考え方を変えたことで、リーダーとしての振る舞いも変わっていきます。「まず聞く」ということは、メンバーにとって謙虚な姿勢に映り、強制されているのではなく、相談しているように感じます。

そうなると、メンバーは自分なりの視点で、よりよい仕事の仕方や前向きな意見を述べ始め、Ｉさんはその意見をチーム運営に活かすようにしました。

もちろんリーダーとして通すべき筋は通しますが、お互いに遠慮せずに意見を交わすようになったことで、Ｉさんのチーム内での信頼度は増していきました。**そして、Ｉさんが、メンバーの意見から学んだこともたくさんありました。**

Ｉさんはメンバーから指摘されたことをきっかけにして、改めて「以前のリーダーを反面教師とするところは何なのか」「それを解決するにはどう行動するのか」を具体的に意識し直し、それをメンバーと一緒に実行したのです。

無意識を「意識」すればやるべきことが見えてくる

このように、自分がメンバーの立場でいるうちは、リーダーのことをなんだかんだと批判したくなることがありますが、いざ自分がリーダーの立場になったとき、自分の経験の中の引き出しが少ないことで、知らないうちに同じやり方をしていることは意外に多いものです。

さらに、このような仕事の進め方やチーム運営にかかわることは、日本の企業文化の中で世代を超えて脈々と受け継がれていることが多いのも事実です。

これは、昔ながらの上下関係が厳しい部活動などで、いじめられていた新入生が上級生になった途端、同じように下級生をいじめだす構図とよく似ています。よくも悪くも、日本ではそれが当たり前の文化として根付いてしまっているのです。

これを防ぐには、まず「自分が悪く思っていた人であっても無意識に同じ行動を

しがちだ」ということをきちんと意識することしかありません。

そして、メンバーや他のチームリーダーなど、周りから話を聞いたり指摘を受けたりすることで、自分の行動を客観視することが大切なのです。

そのうえで、「具体的な代替手段を考えること」「他の方法を学ぶこと」が重要です。自分の引き出しを増やしたいのなら、ロールモデルとなる人を探したり、書籍や他社事例から学んだりといったことを積極的に実践していくことが大切です。

自分の行動に対して意識的になることは、成長するリーダーにとって不可欠な取り組みです。まずはリーダーとして、無意識だったことを意識することから始めてみましょう。

Leader's Rule 10

間違った「率先垂範」はメンバーの造反につながる

新しい取り組みに対するリーダーへの反感

リーダーに必要なものは何かと尋ねると、「率先垂範《そっせんすいはん》」と言う人が大勢います。

人の先頭に立って模範を示すことが率先垂範ですが、理想のリーダー像としてよく挙げられるのは、「先頭に立つ」「手本になる」「真っ先に取り組む」「背中を見せる」などというもので、まさに「率先垂範」がリーダーのイメージそのものだといえるでしょう。

しかし、リーダーシップの取り方にはいろいろなスタイルがあり、それを場面によって使い分ける必要があります。

先頭で引っ張るばかりではなく、後ろから支えることも、メンバーと一緒に協働することも必要です。**リーダーはすべての場面で、それぞれ違う形の率先垂範を求められ、その行動次第でチームの空気は大きく変わります。**

ここでは、あるリーダーの例から、「率先垂範」を実践するにおいて考えておかなければならないことをお伝えします。

ある会社の技術開発チームでのことです。リーダー以下、メンバーのまとめ役となっているサブリーダー格の中堅社員が1人、あとは20代の若手社員が中心のチームです。**このリーダーは、「うちは自由なチームだ」というのが口癖でした。**

確かにこのチームでは、メンバー同士の情報共有やコミュニケーションを促すための仕組みがいくつも導入されています。例えば、メンバーの意見を取り入れるための提案制度、メンバー同士がお互いに感謝を伝え合うサンクスメールのほか、チームの収支状況を示す資料もメンバー全員に公開されています。

リーダーは、このような新しい取り組みにとても熱心で、社外セミナーや書籍などから他社事例の情報を集め、それがよいと思えば自分のチームにどんどん取り入れました。

現場で奮闘するメンバーは、ついつい目先の日常業務ばかりに集中しがちですが、そうやって視野が狭くならないように、リーダーとして「率先垂範」しています。

しかし、こうした新しい取り組みが、始めてすぐ期待通りに動き出すかというと、それほど簡単なものではありません。実際、始めてもなかなかメンバーにその意義が理解されず、積極的に取り組まれないことも多くみられました。

そんなとき、このリーダーが必ず行ったのは、「ノルマを決める」ことでした。

例えば、提案制度であれば、月あたりの提案件数を決め、サンクスメールであれば送信するメールの数を決めます。守らないメンバーには、何らかの指導があったり、ときには罰則があったりしました。

これだけでもメンバーは首を傾げるところですが、もう1つ、**このリーダーは、**

制度の導入には熱心なわりに、実行の段になると、途端に自分がかかわろうとしなくなる人でした。

提案制度も、ただメンバーに「やれやれ」と言うだけですし、サンクスメールも自分でメールを送ることは一切ありません。

サブリーダーから「リーダーも率先してやってほしい」との要望が出ましたが、「自分がやる必要はない」と宣言し、そのかわりに罰金と称してポケットマネーを渡し、メンバー同士の懇親をすすめたりしました。**自分とメンバーの間に一線を引いている様子が見て取れます。**

また、収支状況の資料は、財務諸表などの会計資料をそのまま回覧するだけなので、若いメンバーはきちんと読み取ることができません。しかしリーダーは「決算書ぐらい読めないとビジネスマンとして失格だ」と言い、資料の読解をメンバーたちに求めました。とはいえ読み方が説明されないため、資料の読解もできません。

これでは、メンバーから「自分に甘い」「自分だけ特別扱い」と見られても仕方がない状況です。

メンバーの造反で気付いたリーダーの大きな問題点

こうしたことが続くと、メンバーには不満が積み重なります。

「他社事例を聞きかじってすぐに感化される」「何でも強制する」「自分はやろうとしない」など、リーダーに対する批判的な感情が高まり、ついには、大半のメンバーがリーダーの指示した取り組みをすべて拒否する事態になってしまいました。

それまではサブリーダーが間に入って何とかなだめてきましたが、それもとうとう限界でした。

そこで、急遽ミーティングが開催されました。**リーダーの姿勢を批判するメンバーの意見が噴出しましたが、リーダーにはその自覚がありません。**どちらかといえば率先垂範していた意識が強いので、メンバーの批判には納得できません。

しかし、その場はそんな気持ちを抑えて、ただ謝るしかありませんでした。

その後このリーダーは、改めてサブリーダーから話を聞き、自分の行動を少しず

つ改善しようと意識し始めました。

まずは、そのときのチーム状況をよく考え、安易な制度導入をやめることにしました。確かにそれまでは、長続きせずに尻すぼみになった取り組みも多く、定着しない理由をよく考えずに強制していることも多々ありました。

新しい取り組みがうまくいかないのであれば、それがなぜ機能しないのか、理由をよく考えなければなりませんし、それをしないでただノルマばかりを与えても、メンバーの不満が増すだけです。

こうした面を改善し、リーダーはチームで新たな取り組みを始めるときは、必ずメンバー全員と話し合いを持つようにしました。

次に、「自由なチーム」と強調することをやめました。

そもそも「自由」というのは、相手が主観的に感じるもので、リーダーが一方的に押し付けるものではありません。**仕事上でリーダーからメンバーに与えられるのは「裁量」であり、それを「自由」だと言われても、相手がそう感じていなければ**

逆効果にしかなりません。

事実、このチームでは、リーダーから一方的なノルマが与えられていただけで、自由と言われてもメンバーには反感の気持ちが湧き上がるだけでした。

ビジネスの場での「自由」という言葉は、誤解を生みやすいこともあり、あえて使わないようにしました。

さらに、チームでの新しい取り組みには、リーダー自身も当事者として参加するようにしました。

今までリーダーは、自分は関係なくメンバーだけがやればいいと考えていましたが、それではメンバーからの信頼は得られません。

チームの空気を変えるには、どんな場面でも必ずリーダーの率先垂範が必要なのです。

これらの改善をしたことで、チームは少しずつ落ち着いてきました。

「率先垂範」以前に必要なリーダーとしての資質

私は、このリーダーに必要な「率先垂範」は、2つの種類があると考えています。

1つ目は、仕事上でメンバーのレベルアップを図るため、自分が模範を示すという意味での「率先垂範」です。技術的なスキルアップのための手本となることや、必要な心構えや姿勢といったものを自ら模範となって示すことで、メンバーは成長し仕事にもよい影響が出るからです。

もう1つは、人としての尊敬や信頼を得るための「率先垂範」です。

例えば、毎朝一番に出社する、トイレ掃除は必ず自分でやるなど、他人が大変だと思うことや嫌がることを自分に課すリーダーの話を聞きますが、その行動自体は素晴らしいですし、リーダー個人が人格者として尊敬されたり、信頼が増したりすることもあります。

ですが、それがチームの仕事に直接的に影響するかというと、そんなことはありません。大事なのは、あくまでそのリーダー個人が、メンバーから本当の意味で信頼されるかどうかです。

ここで取り上げたリーダーは、結果として前述の2つとも不足していたため、メンバーから造反を起こされることになってしまいました。

「率先垂範」を実践しているようで、実は自分自身は何もやっていない。

こういうリーダーでは、さまざまな取り組みをしても、結局リーダーに当事者意識がなければ、意味がないどころか、空気はよどんでいくばかりなのです。

Leader's Rule 11

業績不振時にやり方を変えられないリーダーはリーダーではない

業績悪化とともに〝空気〟が悪くなるチーム

プロ野球では、チームの定石になっている必勝の継投パターンを、「勝利の方程式」などと言います。

これと同じように、**チームを成功させてきたリーダーは、必ず自分なりの成功パターンを持っています。** そして成功への自負が強いリーダーほど、自分の成功パターンに強いこだわりがあるものです。

ただ、どんなチームにも必ず浮き沈みがあり、調子がいいときもあれば、悪いときもあります。チームが不調に陥ると、もはやそれまでのパターンでは打開できません。

ところが、私の経験から見ても、自身の「勝利の方程式」に対する思いが強いリーダーは、そうした状況変化に対応しきれず、チームの悪い空気とともに意気消沈してしまうことが多いように感じます。

ここでは、あるビジネスチームの事例から、**チームが不調に陥ったときの〝空気〟のつくり方と、リーダーシップのとり方について考えてみます。**

これは、ＩＴを使った業務効率化のシステム導入やサポートを行っている会社の営業チームでのことです。

この会社は、特徴あるサービスが多くの顧客に受け入れられ、業績は右肩上がりで成長を続けていました。会社には顧客の業界ごとに分かれた３つの営業チームがあり、その中の１つのチームは主に製造業の会社を担当していました。

チームリーダーであるYさんは、チーム運営の基本的な考え方として、「いかにメンバーが動きやすい環境をつくるか」を大切にしていました。

よって、案件の優先順位付けや顧客との関係づくりといった具体的な営業活動の進め方は、原則現場をよく知るメンバーに任せています。

そして、それぞれのメンバーが、Yさんの期待通り自発的に責任をもって行動してくれていたおかげで、Yさんのチームは他のチームを上回る好調な業績をあげていました。Yさんの方針が、その好業績を支えていたのは疑いようもありません。

結果が伴うことで、Yさんはますます自分のやり方に自信を深め、より一層メンバーの意見に耳を傾け、要望があればできる限りそれに応え、メンバー全員の営業活動を支えることに徹するようになりました。

しかし、そんな好業績も大きな景気変動の波には勝てず、市場環境の悪化とともに徐々に下がり始めます。

特にYさんのチームの顧客は製造業が中心であったため、設備投資の予算をしぼる顧客が多く、急激に引き合いが減って売上低下の度合いは加速していきました。

ただ、厳しい環境でも、他の営業チームが何とか前年並みの業績を維持している一方で、Yさんのチームだけが突出して業績悪化が止まらず、経営陣から叱責《しっせき》が繰り返されるようになってしまったのです。

Yさんは、とにかく現場を盛り上げなければならないと考えました。

ですが、メンバーとのコミュニケーションを今まで以上に密にしても、出てくる話はメンバー個々の言い分ばかりで、チーム全体にとっての改善策がなかなか見出せません。

すると次第に、自社製品への批判や、会社の事業方針への批判、さらには「製造業相手では仕方がない」といった諦めの言葉もこぼれ始めました。

メンバーはそれぞれ頑張って活動していますが、メンバー同士のコミュニケーションが少ないせいか、動き方・考え方が各自バラバラです。

そこでYさんは、全体ミーティングを行って、メンバー全員に対応策の意見を求めました。

それぞれのメンバーは活発にアイデアを述べますが、やはりみんなバラバラ。チーム全体のコンセンサスを取りまとめることもできず、**かえってチームの雰囲気は悪くなってしまいました。**

一度このサイクルに陥ると、チームの空気はどんどん悪くなり、歯止めをかけることができなくなってしまうのです。

いいときは〝部分最適〟、不調時は〝全体最適〟で

自分が自信を持っていた成功パターンが通用しなくなったことで、どうすればよいのかがわからなくなってしまったYさんは、他の営業チームの先輩リーダーであるMさんに相談しました。

Mさんは営業職の中では一番社歴が長く、リーダー経験も豊富な人です。

Yさんは自分のチーム運営への考え方や、ここ最近の経緯をひと通り説明しました。

すると先輩Mさんから指摘されたのは、「Yさんは判断することまですべてメンバーに委ねている」ということでした。

「それ自体は悪いことではないし、うまくいっている限りは問題ないけれど、チームの流れが悪くなっているときは、それだとメンバーは意思決定ができない」と。

Mさんは、あくまで「自分の経験上」という前置きをしたうえで、**「チームがいい流れのときは、各メンバーが目の前のことに向き合う〝部分最適〟の積み重ねでよいが、不調に陥ったときには、どこに解決の糸口があるのかを〝全体最適〟で考え、ポイントを絞った取り組みが必要だ」**とアドバイスしてくれました。

そこからYさんは、「現状で答えをメンバーに求めても無理なこと。市場環境やチーム全体の状況などを広く見極めて、リーダーが判断していかなければ、チームの不調を食い止めることはできない」と自分なりの答えを導き出しました。

それは、「できるだけメンバーに任せる」というYさんの成功パターンとは違いますが、Mさんの指摘はYさんにも思い当たることがあったのです。

リーダーが強く方針を打ち出すとチームは変化し始める

Yさんは、それまでメンバーから聞いてきた現場状況をもとに、改めてまず自分なりに対策を考えました。

1. 新規営業先は、業績悪化の程度が少ない、システム化が遅れているなど、一定の条件をもとに絞り込みを行う。

2. 顧客先の事情が把握できている既存顧客を中心に、機能追加やサービス強化の提案を進める。

3. 営業効率の問題から、これまであまり重視してこなかった少額案件も、メンバー間のスケジュール調整を密にしてできるだけ対応する。

これらを全体ミーティングで、チームの立て直し策として提示し、改めてメンバーから意見を求めました。はじめは異論を唱える者も何人かはいましたが、Yさんが**「代案のない反論は認めない」**と明言したことで、徐々にこの方針に基づいた具体的な話が進み始めました。

「優先営業先の条件をどうするか」
「既存顧客への提案は具体的に何を対象にするか」
「スケジュール調整の方法をどうするか」

そういったことが盛んに話され、ある者は顧客のリストアップを、ある者はチーム共通の提案資料づくりをするなど、具体的な作業分担が決められていきました。

その後、この方針に基づいてチーム一体となった営業活動が進められたことで、一時期の業績悪化は食い止められ、他の営業チームと同じレベルまで数字を持ち直したのです。

日頃の姿勢が不調時にリーダーシップを発揮する

このように、チームの置かれた状況によって、その成功のために必要な要素は変わってきます。

多くのリーダーは自分の成功体験に基づく引き出しは持っていますが、いざ不調に陥ったときの方策は持っていないことが多いのです。

私がコンサルタントとして見てきた中で共通するのは、**「不調なときほど、リーダーが前面に出て強く引っ張る必要がある」**ということです。

そうでなければ、いつまでたっても空気は悪いままで、業績とともにどんどん沈んでいくばかりです。

Yさんは、チームのピンチに直面し、それまでの方程式を捨てて思い切って舵《かじ》を切りました。

その結果、メンバーの意思統一がうまくいき、無事に持ち直すことに成功したのです。

もちろん、Yさんが日頃からメンバーに対して自発的な動きを求めていたおかげで、方針を示した後はメンバー自らどんどん取り組んでいけた部分もあります。それはひとえに、Yさんのこれまでのやり方が下地にあったからこそです。

しかし、大事なポイントは、沈んでいくチームを目の前に、自身の信念ややり方を見直すことができるかどうかです。

自分の成功パターンにこだわらず、他からのアドバイスを柔軟に取り入れたYさんだからこそ、チームの苦境を食い止めることができたといえます。

業績不振は、どんなチームにも起こりうることです。その流れをなかなか打開できないというとき、リーダーが先頭に立って、多少強引にでもそれまでのやり方を変えてみることが大切なのです。

Leader's Rule 12

設定すべきは「高い目標」でなく「適切な目標」

高い目標を掲げることが当然と考えるリーダー

仕事を進めるうえで、目標設定は必要なことです。しかし、「適切な目標」を設定するというのは意外に難しいもので、無理な目標、簡単すぎる目標、あまり意味がない目標が設定されているケースは、どんな会社でもしばしば見受けられます。

「適切な目標」を示す目的は、仕事の進捗や達成度を把握するためだけではありません。どんな目標を立てるかによって、メンバーのやる気やモチベーションは上が

りもするし下がりもします。すなわち、チームの空気づくりを大きく左右するものなのです。

ここでは、あるリーダーの経験を例に、「チームでの目標設定をしていくうえで考えなければならないこと」を紹介します。

ある会社の営業チームのリーダーであるIさんは、常に高い目標をメンバーに要求することから、厳しいと評判です。

Iさんは、仕事をしていく中では、チーム全体やメンバー個人ができるだけ高い目標を追いかけるのは当然のことで、それがメンバー同士の切磋琢磨を生み、お互いのレベルアップにつながると考えています。

また、そういう関係によって生まれる緊張感が、チームの空気をよくすると信じています。

Iさんのチームは、会社から求められる業績目標についてはこれまでほぼ達成してきました。ただし、Iさんが個々のメンバーに求める目標レベルは次第に高くなりすぎ、達成できない割合がかなり多くなってきていました。

当然Iさんはメンバー全員にハッパをかけて叱咤します。ですが、中にはこれを「達成できない目標」「無理な目標」と捉えるメンバーもおり、Iさんとぶつかることも多々ありました。

またIさんのチームは「厳しい雰囲気」が評判となっているので、社内からの配属希望は少なく、他チームに比べると退職者が多いという状況もあります。

それでもIさんは、メンバー、ひいては会社のレベルアップのためには必要なことだと割り切っており、**「高い目標を追いかけるのは当然」という自分の考えを曲げようとはしません。**

「その目標によってメンバーがレベルアップを実感できれば、きっとついてくるようになる」と考えていました。

「達成感が感じられない」と辞めていった中心メンバー

そんなある日、リーダーIさんの予想していなかった事態が起こります。これまで長らく一緒に仕事をしてきた中心メンバー2人から、相次いで退職希望が出たのです。

Iさんにとって、チームへの配属希望の少なさや退職者が多い状況でも、それを割り切ることができていたのは、ついてきてくれるメンバーがいるという自負でした。しかし、**自分の考えを最も理解してくれていると思っていたメンバーからの退職希望は、Iさんにとって大きなショックでした。**

それぞれに退職希望の理由を聞いたところ、そこで出てきた話は2人ともほぼ同じ。

ひと言で言えば、「要求が高すぎてついていけない」ということです。

加えて2人とも、異口同音《いくどうおん》に「今まで達成感を得られたことがなく、自分の仕事に自信が持てない」「仕事が面白いと感じられない」というのです。

その後、何とか退職を思いとどまるように話し合いを重ねましたが、結局は説得することができず、2人は退職することになってしまいました。

この件をきっかけに、自分のチーム運営に自信がなくなってきたIさんは、残った他のメンバーと個人面談を行って、それぞれの話を聞くことにしました。面談では思いのほか全員の口が重く、改めてメンバーとの溝を感じました。

結局、出てきた話は退職したメンバーと同じく、「達成感がない」「自信が持てない」という内容でした。

Iさんのチームは、会社が求める目標は達成してきているので、決してレベルが低いチームでないのは確かです。ですが、Iさんが設定した目標を超えることができないため、メンバー全員そろって自分のしている仕事に自信を持つことができなかったのです。

成長のために必要なのは「高い目標」ではない

Ｉさんは、メンバーが成長するにふさわしい目標の立て方がどういうものかを改めて学び直そうと考え、自分なりにいろいろな資料を調べました。

そこで目に留まった２つの事柄は、これまでのＩさんの考え方とは少し異なっているものでした。

その１つ目が、「チャレンジ目標」と「ストレッチ目標」です。

「チャレンジ目標」は、文字通り挑戦的な目標で、達成できるかどうかはわからない難易度が高めの目標です。

これに対して**「ストレッチ目標」**は、引き伸ばすというニュアンスの通り、ただ手を伸ばしただけでは届かないが、頑張って飛び上がれば届くかもしれない、達成可能な目標のことをいいます。

ただやみくもに高い「チャレンジ目標」だけを掲げるよりは、手が届く「ストレッチ目標」も同時に設定する。それによりメンバーがやる気や納得感、達成感を得やすく、成長にもつながるというものです。

そして2つ目は「SMARTの法則」というものです。これは、経営コンサルタントのブライアン・トレーシーが提唱したもので、

「S（Specific）」……明確、具体的である
「M（Measured）」……測定可能である
「A（Achievable）」……達成可能である
「R（Realistic）」……現実的である
「T（Timed）」……期限がある

というように、目標設定に必要な項目の頭文字をとったものです。やはり目標とは、適切な難易度のものであるのが理想であり、後から評価できる具体的な内容で

あること、加えて、目標達成に向けた行動が促されるものでなければならないとされています。

適切な目標設定には、この「SMARTの法則」の5つの要素を満たすことが必要なのです。

こうした知識を得たIさんは、ただ「高い目標」ではなく、いかに「適切な目標」であるかを意識するようになりました。

「適切な目標」はメンバーの役割、レベルによって違ってきますから、それぞれの様子を観察し、それぞれに合った内容で設定しなければなりません。

また、一度目標設定したものでも、それが「適切な目標」でなかったのであれば、改めて見直さなければなりません。

そのためには、それぞれのメンバーとのコミュニケーションを密にする必要がありますし、一方的な指示命令だけでは実現は難しくなります。

こんなことを意識して続けていくうちに、チーム内のコミュニケーションは必然的に活発になり、メンバーとの溝は少しずつ埋まり始めました。次第にこのチームの空気は、よい方向に変わっていったのです。

「達成できる目標」でチームによい〝空気〟を生む

「高い目標」は決して悪いことではありませんが、達成見込みのない目標、チャレンジ度が高すぎる目標は、逆にチームの空気を悪くします。

目標というのは、ついついノルマのように使われがちですが、本来はマネジメントをスムーズに行うための1つのツールです。それを使うことでよい行動が増えるのが「適切な目標」であり、その適切さの捉え方は人によって違います。

大切なのは、設定した目標によってその人の行動力を増すことができるかどうかです。リーダーであれば、会社から問答無用で厳しい目標が与えられることもあるでしょう。ですが、そこをうまく吸収しながら、**チームにはよりよい空気をもたらす「適切な目標設定」を意識しましょう。**

Leader's Rule 13

自己中なリーダーほどメンバーに「あうんの呼吸」を求める

「言わずに伝わること」は当たり前ではない

「リーダーにとって、仕事がしやすいメンバー、信頼できるメンバーとはどんな人でしょうか」

こんな問いに対して、「自発的に動ける人」「意図をくんで先回りができる人」と答えるリーダーがいます。いちいち細かな指示をしなくても、その仕事に必要なことを理解し、過去にあった同じようなケース、それまでの経緯、さらに「リーダーだったらこう考えるだろう」ということまで、気を利かせて仕事を進めてくれるようなメンバーです。リーダーにとってはありがたい存在に違いありません。

実際にそんなメンバーが身近にいるのは稀《まれ》ですが、リーダーというのは心のどこかで「あうんの呼吸」をメンバーに求めているところがあります。

そういった本音があるせいで、いちいち指示をしなければ動けないメンバーや先回りできないメンバーを、ついつい手間がかかる面倒な人材だと思ってしまいます。

しかし、**優れたリーダーは、メンバーに対して「あうんの呼吸」を一切求めず、必要なことは必ず言葉や文字にして伝えることを徹底しています。そうしなければチームの空気を悪くする危険があることがわかっているからです。**

ここでは、この「あうんの呼吸」を例に、メンバーとのコミュニケーションにおいて、リーダーが心掛けなければならないことをお伝えします。

私は、いろいろなリーダーから「メンバーに対する不満」としてこんな言葉を聞くことがあります。

「同じことを何度も聞いてくる」
「当たり前のことなのにいちいち質問してくる」
「指示されないと動かない」

要は「言わないとやらない、できない」ということであり、「そんなこともわからないのか」「自分で考えてほしい」という気持ちです。

しかし、よく考えてみると、例えば会社には必ず経営理念や事業方針があり、チームでも必ず方針や目標が提示されているはずです。そして、それらの多くは言葉や文書に落とし込まれています。「何となく察して理解しなさい」と言われることはありません。

ですが、これが現場でのコミュニケーションになった途端、「あうんの呼吸」を求めるリーダーが大勢いるのです。

「察する」「感じ取る」「先回りをする」といった能力がある人は確かにいますが、そういう関係になれるまでには複雑な条件があります。

もともとの能力が高い、付き合いが長いなど、相互理解の問題は大前提であり、仮に長い付き合いがあったとしても、そもそもの価値観が違っていれば通じ合うのは簡単ではありません。

いずれにしても、「常識」「当たり前」「同じこと」などとして、言わずに相手に伝わるというのは、本来かなり希少なケースだということをリーダーは知っておかなければなりません。

相手任せのコミュニケーションが「行き違い」を生む

リーダーの皆さんは、メンバーへの情報伝達や指導をした後、「何かあれば聞きに来なさい」と言うことも多いでしょう。ですが多くの場合、その場で相手に「わかったか？」と聞けば、「わかりました」「大丈夫です」といった答えが返ってくることが多いはずです。

しかし、その中には理解できていて疑問がない人ばかりでなく、曖昧《あいまい》に何となくわかった気になっている人、あるいは疑問が浮かばないほど理解度が低い人も含まれていることを認識しておかなければなりません。

そんな状態で仕事を進めれば、あとになって必ず疑問が出てきます。ただ、そこで「もうすでに説明した」と切り捨てたり、「なぜあのとき質問しなかったのか」などと責めたりすれば、言われたメンバーは確認がしづらくなり、以降のコミュニケーションは間違いなく減っていきます。

「わかったか?」と言って相手任せで終わらせず、否定的かつ威圧的でない「言葉」で、その人の理解度をきちんと確認しなければならないのです。

コミュニケーションギャップは、大抵こんなところから起こります。

私がお会いしたリーダーの中には、「同じ質問は3回までしか受け付けない」と決めている人もいました。「同じことを言わせるな」を具体化した、一見わかりやすい基準のようですが、そもそもなぜ3回まではよくて4回目以降はダメなのかということに明確な理由はなく、「3回も言えばわかって当然」という程度のものでしょう。

こうした回数制限でコミュニケーションを切り捨てるのも、本人の理解度を確認していないという点では、同じように相手任せといえます。

もしメンバーの理解が最優先ならば、回数を問わず対応しなければなりません。やり取りをする手間や効率を憂慮《ゆうりょ》するならば、もっと違う伝え方を考えるべきです。

いずれにしても、理解度を確認しない「相手任せのコミュニケーション」は、ビジネスの現場では大きな問題なのです。

「あうんの呼吸」はリーダーが楽なだけ

日本社会のコミュニケーションは、わざわざ言葉にしなくとも相手に理解される「高コンテクスト社会」で、「空気を読む」ことが重視されるとよくいわれます。

特に日本人同士の現場では、いちいち理解度を確認しない「あうんの呼吸」のコミュニケーションが、今でもよく見られます。

最近はそれほどではなくなりましたが、以前は**「あれどうなった？」**といった主語などがない質問でも意味が通じるという話もあちこちでありました。

リーダーとしても、それで話が通じれば当然楽ですから、ついついそういうコミュニケーションで済ませたいと考えてしまうでしょう。

その結果として起こるのは、「あうんの呼吸」が通じるメンバーを、能力が高く仕事ができる人材と思ってしまう勘違いです。

しかし、**それは「仕事ができる」のではなく、「自分にとって都合がいい」というだけにすぎません。**

同じことは「世代の違い」に関する話でもあります。例えば、ことあるごとに「ゆとり世代は……」など、世代間ギャップを揶揄《やゆ》する人がいます。

しかし、そうやってある属性の人をひとまとめで語ろうとすることや、自分たちの常識との違いをことさら批判するのは、相手に「あうんの呼吸」を求めていること同じであり、なおかつそれが通じないことに対する不満でしかありません。

育ってきた時代背景が違えば、物事の見方や価値観が違うのは当然です。何が正しく、何が間違っているなどという話に結論はなく、そんな議論に建設的な側面は何1つありません。

ビジネスマナー1つをとっても、例えば、電話で直接話すことが丁寧だと捉える人がいる一方、最近は電話をかけることが他人の時間に一方的に割り込む行為だとして、よほど緊急でない限り避けるべきだという考え方もあります。

このように、何が一般的で何が正しいのかという価値観は多様化し、基準もどんどん変わってきていますし、ここ昨今のグローバル化が進んだ状況では、この「あうんの呼吸」が通じない場面が大幅に増えています。**リーダーは、そうした時代観も十分に理解しなければなりません。**

優れたリーダーは「言葉」や「文字」でしっかり伝える

このように、ある前提に基づいて言葉を省略すると、それが誤解を生む原因になります。優れたリーダーはこの部分を心得ており、どんなことでも必ずはっきりと「言葉」や「文字」で伝えています。

メンバーとの間で「あうんの呼吸」を期待することもありません。

メンバーの個性や価値観が多様であることを理解していれば、自分の意図が伝わらないこと、常識が通じないことに、イライラしたり不満を持ったりすることがないのです。

「なぜこんなことまで言わなければならないのか」と思ってしまうのは仕方がないとしても、そのメンバーをそのまま放置していいのかといえば決してそういうわけではありません。

飲み込みの早い遅いや物事の理解力は個々の能力の問題であり、そこに合わせて対応することこそがリーダーに求められる能力です。

メンバーの理解力が乏しいならば、「何度も言う」「言い方を変える」、あるいは「理解しやすい仕事に担当を変える」など、チームの目標達成につながる活かし方を考えるべきです。

「いちいち指示しないと動けない」のではなく、「理解できていないから動けない」のです。

リーダーはその部分をきちんと理解し、コミュニケーションを相手任せにせず、きちんと「言葉」や「文字」にして伝えましょう。そして必ずメンバーの理解度を確認するようにしましょう。

Leader's Rule 14

リーダーの「自分語り」は、悪い空気しかつくらない

自分の経験を部下に話す育成熱心なリーダー

リーダーにとって、メンバーの「人材育成」は、時代を問わずいつでも大きなテーマでしょう。多くのリーダーが、メンバー個々の性格や能力を考えながら、どんな指導やアドバイスをすればよいのかと、頭を悩ませていることと思います。

ここで紹介するリーダーMさんは、自分の実体験を語ることこそが、メンバーの理解をもっとも早める手段だと考えている人物です。

それゆえ、目の前で問題が起こった際は、自身の過去の経験と重ね合わせながら指導しています。

ところが、その方法でチームの空気がよくなっているかというと、リーダー自身、なかなか手応えを得られずにジレンマを抱えていました。

そんな中、1人のメンバーとのあるやり取りをきっかけに、Mさんは考えを改めることになりました。

先述したように、Mさんが心がけているのは、できるだけ自分が経験してきた実例に基づき、指導やアドバイスを行うことです。

特に自分の中での失敗体験はメンバーにとっても参考になると思い、折りを見てはその手の話を苦労話として伝えるようにしていました。行き詰まっていそうなメンバーを見かければ、できるだけ声をかけて話を聞き、「自分にもそんなことがあった」と励ましたり助言したりします。

そうやって、一生懸命指導するMさんに対し、メンバーもいろいろと質問をしたり、アドバイスを求めたりします。**お互いのコミュニケーションは良好で、それな**

りに好感を持ってくれていると M さんは感じていました。

ただ、それでも M さんは、ときどきメンバーの反応が物足りないと思うことがあります。

実体験を語ってもいまいち反応が鈍く、話せば話すほど逆効果になっているような気にもなります。

そういうことができるだけ少なくなるよう、Mさんなりにメンバーとの接し方を試行錯誤していますが、なかなか思うようにいっていないのが実情です。

あるとき、仕事でミスをしてしまったメンバーを指導している際に、こんなことがありました。

比較的早い段階で見つかったミスだったため、それほど大きな問題にはなりませんでしたが、メンバーはひどく落ち込んでいます。Mさんは彼を励まそうと思い、「自分にもそんなことがあった」「失敗は誰にでもあるもの」と語りかけ、「そのときは自分もずいぶん落ち込んだけど、その後注意するきっかけになった」「自分の経験では、こういうやり方をすればミスは防げる」と言って、実際にやり方を見せようとしました。

しかし、メンバーの反応は悪く、納得している様子がありません。

そこでMさんが問いかけてみると、メンバーはMさんに対してこう言ったのです。

「聞いていても自分にできることと思えない」

一生懸命教えているつもりのMさんからすればショックな言葉でしたが、気を取り直して話の続きを聞いてみると、「Mさんの経験ではそうなのかもしれないが、自分にはそんな能力はないし、経験してきたことも違う」「いい方法と思っても、時間がなかったり、今までのやり方と違いすぎたりしていて、実行できないことがある」などと言ってきます。

要は「結局それは他人の経験談であり、自分に当てはまるとは思えない」ということです。よかれと思っていたことが、メンバーからは全く共感されておらず、受け入れられていないとわかり、Mさんは考え込んでしまいました。

自分目線の語りは、共感には至らない

この話をきっかけに、Mさんはメンバー育成の方法をイチから考え直しました。

そこで、思い切って、なぜ自分の教え方が受け入れられないのかをメンバーにヒアリングしたのです。

すると、「決して全てがそういうわけではない」と前置きされたうえで、こんな話が出てきました。

「自分と重ねてみたときにリアルだと思えない」
「経験や苦労話は参考にはなるけれど、自分とは違うと思ってしまう」
「古いやり方を押し付けられているように感じてしまう」
「それはMさんだからできることだと思ってしまうことがある」

これを聞いてわかったのは、Mさんが教えてきたことはすべて「**自分目線**」であ

り、**「相手目線」**への配慮が足りなかったということでした。「(自分では) よかれと思って」「(自分にとって) 具体的に」「(自分が) 経験してきたことを」「(自分が) よいと思う方法で」という言い方で指導やアドバイスをしていたのです。

こうやって考えると、Mさんとしてもいろいろ思い当たることがあります。メンバーからの話をよく聞いていたつもりですが、その後の結論はいつも自分が話していたような気がします。**メンバーはみんなよく話を聞いてくれるので、自分ばかりが気分よく話していたことに思い当たりました。**

自分が持っているものを伝えたいという思いが強く、相手の考えていることや持っているものが何かということを聞く姿勢に欠けていたのです。

結局は相手の状況を考えずに、独りよがりで実体験を語っていたため、ときとしてそれが相手には受け入れにくいものだったとわかりました。

その後Mさんは、メンバーの目線ということをより意識するようになりました。

自分の経験や体験を語る際もあくまで参考としてと前置きし、問題の解決策や仕事の進め方はメンバーと話し合い、必ず本人に答えを出させるようにしました。

アドバイスをしたり選択肢を示したりはしますが、その結論はすべてメンバー自身に考えさせるように、大きく指導の仕方を転換したのです。


すると、確かに時間がかかったり、考えた方法がうまくいかなかったりしますが、それまであったようなメンバーからの物足りない反応はなくなっていきました。

また、いい意味でMさんの予想を裏切る結果になることもあり、Mさん自身が学ぶこともありました。**メンバーが自ら動こうとすることが増え、チームの空気はどんどんよくなってきているという実感が持てるようになったのです。**

過去の経験談や苦労話は〝相手目線〟が効果的

Mさんのように、自分の経験を下の世代に伝え、今の仕事に活かしていくことはとても大切なことですが、注意しなければならないこともたくさんあります。

まず、昨今の若い世代の人は、確かに他人の経験や体験などの事例は真面目に聞きますが、それが果たして自分とマッチすることなのか、活用することができるのかという、自分のリアルな状況との重なりを常に意識しています。

多くの情報に囲まれ、それを取捨選択することが当たり前の環境で育ってきた若い世代にとって、等身大ではない経験談や苦労話は共感がしづらいのです。

ですから、リーダーが自分の経験を語るときは、それを相手の立場、能力、実情などに合わせて話す必要があります。

また、いつの間にか自慢話になっていないか、選択肢を排除するような押し付けになっていないかなども注意深く客観視しておかなくてはなりません。

過去の実体験は、その人の大切な財産です。それを有意義に活かすためにも、リーダーは一方的な自分語りに陥らないよう注意しましょう。

Leader's Rule 15

自分の持ち味を知らないリーダーほど悪い空気の元凶

持ち味が異なる2人のリーダーに学ぶこと

リーダーといってもさまざまなタイプがいるので、当然、個々に「得意な局面」と「不得意な局面」があります。

例えば、落ち込んだ局面の立て直しが得意なリーダー、現状をしっかり維持することが得意なリーダー、さらに一歩上の局面にステップアップさせることが得意なリーダーなど、いろいろです。

リーダーは、こうした得意不得意な局面をきちんと客観的に認識しておく必要があります。そうでなければ、自分1人で全てを解決しようと判断を誤り、チームの空気を悪くしてしまうことも少なくありません。

自分の置かれた環境の中で最大限の役割を果たすには、その局面で自分ができることを客観的に認識していることが重要なのです。

ある会社のKさんは、今や社内で1・2を争う実績を持ったリーダーとして、さまざまな場面で中心的な役割を担っています。特にチームが何かトラブルに見舞われたとき、その臨機応変で的確な対応が社内各部署で認められており、他チームのリーダーも、何か問題が起こるとまずKさんに相談を持ちかけます。

そんなKさんですが、自分が今の立場にあるのは、かつて自分がまだメンバーだった頃に出会った2人のリーダーのおかげだと強く思っています。

その頃に経験したことや助言されたことが、その後の自分のリーダーとしての役割を考えるうえで、原点となっているからです。

そんなKさんにとってキーマンとなった2人のリーダーのうちの1人がMさんで

す。当時Kさんが所属していた営業チームが業績不振で、その立て直しの任を受けてやってきた人でした。

業績が思わしくない営業チームというのは、周りからさまざまなプレッシャーをかけられ、心理的な負担も大きいため、当然ですがメンバーの気持ちは沈んでいます。

みんな自分たちなりに工夫していろいろと対策を講じていますが、なかなか結果に表れてきません。そんな中で、メンバーは暗い気持ちのままで悩んでいる状態でした。

ここでMさんが取り組んだことは、決して奇抜なことではなく、それまでやってきたことをセオリー通りに、ただし確実に実行、継続することでした。

顧客の新規開拓が難しい時期だったため、既存顧客への連携強化を進め、営業所の収支改善のためにコスト削減を徹底して、無駄の排除や仕事の効率化のためのさまざまな施策を打ち出します。

そのための提案や意見は、メンバーにも求めました。**とにかく基本に忠実で、ま**

た、それらを確実に徹底して実行するリーダーでした。

Mさんは、メンバーに対してときに厳しい言葉も投げかけます。ですが、あらゆる働きかけをしながらメンバーの気持ちを盛り上げてチームの一体感をつくり上げていく様子は、メンバーだったKさんの目から見ても素晴らしいものでした。

そんなMさんのリーダーシップから、メンバーの取り組みも徐々に効果がみられるようになり、おかげで業績は回復し、かつてのような沈んだ状況からの立て直しに成功したのです。

そんな矢先、今度はチームの業績が停滞する年が訪れてしまいました。そうすると、リーダーのMさんが他の営業チームに異動することになり、**代わりのリーダーとしてやってきたのが、2人のリーダーのもう1人にあたるCさんでした。**

新たにやってきたCさんのやり方は、これまでのMさんとはいろいろな面で違っていました。どちらかといえば、**今までやってきたことからの変化を求めます。**

既存顧客はベースにしながらも新規顧客の獲得に向けた活動を重視し、新たな発想や取り組みを歓迎して、メンバーには数多くの提案を求めました。

その提案も決して門前払いせずに、必ず検討の場を設け、そこで合意された施策はどんどん試していきます。もちろん、思い通りの結果にならないこともありますが、そんな中から今までにはなかった取り組みがいくつも生まれ、新たな顧客との取引も始まり、**チームは再び上昇軌道に乗って成長していきました。**

それから数年後、Cさんも別のチームに異動することとなり、Kさんがリーダーに抜擢されました。

2人のリーダーからそれぞれ違った取り組みを学んだKさんは、さまざまな局面の見極めと、その対策に長けたリーダーとして頭角をあらわしていきます。

特にトラブルが起こったときの対応というのは、論理的な思考力、周りを巻き込んだり相手を説得したりするコミュニケーション能力、最終手段では人海戦術も辞さない馬力や体力など、あらゆる能力をその場に応じてバランスよく発揮することが必要です。

ここでKさんが2人の先輩リーダーから学んできたことが活かされ、今は他のリーダーからも一目置かれる存在になりました。

実は〝得意な局面〟で配置されていた2人のリーダー

Mさん、Cさんという2人の先輩リーダーとKさんとの間には、実はこんなエピソードがありました。Kさんは Mさんからこんなことを言われていたのです。

「このチームではそろそろ自分はお役御免の時期だから」と。当時のKさんは、その意味をあまり理解することができずにいました。

また、次にCさんが異動するときに言われたのは、**「もう自分の発想では追いつかなくなっているから、これからは君のような若くて現場をよく知ったリーダーが率いていく必要がある」**という励ましのエールでした。

そして、これはKさんが後になって聞いたことですが、営業チームを不振から立て直したMさんも、停滞から再度踏み出させたCさんも、**実は社内ではそういう局面に強みがあり、ふさわしい役割を果たすことができると共通認識されているリーダーだったそうです。**

不振の時期にMさんが着任したのも、停滞の時期にCさんが着任したのも、実は会社が意図的に配置していたのです。

Kさんが感謝する2人のリーダーに共通していたのは、それぞれ自分の役割と得意な局面をきちんと自覚していた稀有《けう》な存在であることでした。

自分の得意な局面では、周りから求められる役割を果たすため、強みを活かした活動を展開します。

一方で、それが達成された後で局面が変われば、仮に自分がリーダーを続けても、それ以上の変化を生むのが難しいからと、リーダーの座を譲りました。**そして会社もそれを共有していたのです。**

優れたリーダーは、得意な局面を知っている

「得意」「不得意」というと、多くの人は自分の持つスキルや人間関係のことを思い浮かべます。「細かい作業が得意」「数字に強い」「若手の育成がうまい」「年長者との付き合いがうまい」などです。

一方で、「局面」を見極める力とは、そうした細かなスキルの総合力に加え、会社内外の情勢を客観的に判断できる視野が求められます。

優れたリーダーは、こうした仕事の局面において、自分の活かしどころを知っています。

自分の得意な局面では総合力を活かして結果を出し、そうでない局面に移り変わったならば、よりよい他者に任せることを実行しています。

そうした決断力が、チームの停滞を未然に防ぎ、よい空気づくりを持続できるリーダーに不可欠な要素なのです。

Leader's Rule 16

空気を乱すリーダーは、大抵「世代の違い」を嘆いている

「世代の違い」を受け入れようとしたリーダーの工夫

人も仕事も考え方も価値観も趣味嗜好も、「多様化」が著しい時代です。そうした多様性を心から歓迎できないリーダーが、いくらチームによい空気をもたらそうと思っても、なかなか成功させるのは難しいといえます。

とはいえ、自分の理解の及ばぬことを理解したり、あるいは若い世代の気持ちになりきったりというのは、やろうと思ってできることではありません。

ここでは、その多様性に端を発して起こった事例をヒントに、**リーダーとしてこの問題にどう向き合えばいいのかを考えていきましょう。**

1つ目は、とある40代のリーダーの話です。彼は自分が若いとき、インフォーマルの飲み会などで周囲とのコミュニケーションを深めることで、自分のモチベーションやチームの結束力を築いてきたという自負を持っていました。

ところが今の時代、そうした誘い1つにもハラスメントがつきまとい、誘われる方もみながそれを求めているとは限りません。

このリーダーも、メンバーに思い切って声をかけてみたものの、はっきり断られた経験があり、「なぜこうなのか」とイライラすることが多々ありました。

きっと多くのリーダーに、似たような経験があるのではないかと思います。

ほとんどの人はここであきらめてしまいますが、このリーダーは少し違っていました。

自分の価値観にこだわらず、それぞれのメンバーの気持ちに合わせようと、とにかくコミュニケーションの機会と方法を増やそうとしたのです。

飲み会ももちろんやりますが、決して参加を強制しません。やるときには必ず事前にスケジュールを組み、お店のタイプも偏らないよう気を配りました。

さらにランチタイムやコーヒータイム、会議室での雑談、個別か集団かなど、メンバーの気質や性格に合わせて話し合う場のスタイルをいろいろ工夫しました。

この際、意識したことが2つあります。

1つは、これらの行事をあえて定例化しないことでした。よくあるのは定例の懇親会を月1回、定例のミーティングを毎○曜日など、日程や頻度を決めて行うことです。しかし、定例化というのは言い換えるとマンネリ化のスタートです。

不定期であればメンバーは新鮮な気持ちが保てますし、一方的な参加の義務付けが苦痛になることもありません。

もう1つは、それぞれ形は違っても、個々のメンバーとコミュニケーションをとる時間数を、しっかり管理することでした。

自分から積極的に働きかけてくるメンバーとそうでないメンバーでは、無意識のうちにコミュニケーションの量に差がついてしまいます。さまざまな形でコミュニケーションをする分、ひいきや不公平などと言われないよう気を付けたのです。

この取り組みで明らかに変わったのは、メンバーからの相談回数が増えたことでした。個々のメンバーにとって「話しやすい」という環境をつくり出したことと、リーダーの「聞こうとする姿勢」で心理的なハードルが下がり、何でも話し合う雰囲気ができ始めました。

こうした状況の変化により、リーダーだけでなく、メンバー同士も、他のメンバーが何を考え、どんな問題意識を持ち、仕事に対してどう考えているのかが見えてくるようになりました。**すると、世代間の考え方の違いはあれど、メンバー一人ひとりにどう接していけばいいのかが、だんだんとつかめるようになってきたのです。**メンバーもそれぞれの多様性を受け入れるようになり、よりチームワークがよくなったといいます。**これこそがリーダーが成し得た、空気づくりでした。**

「世代の価値観」の押し付けによる失敗や不都合

もう1つの例は、ある工作機械メーカーの話です。特にアジア圏での売上が低下しており、その理由を調べると、機械操作がタッチパネル式になっている他社製品への乗り換えが原因だと判明しました。

アジア圏は若い労働者が多く、彼らはみなスマートフォンのようなタッチパネルでの操作に慣れた世代でした。その現状への対応を見誤っていたのです。

しかし、ここで問題となったのは、社内ではすでに同様の製品導入が提案されていたことです。にもかかわらず、それがいつの間にか立ち消えになっていたのです。提案を組織階層ごとに持ち上げながら判断する中で、各階層のリーダーが「まだ不要」「時期尚早《しょうそう》」などとして、埋もれてしまっていたといいます。

キーボード式など、従来の操作方法に疑問を持たない世代のリーダーが、自分たちの価値観によって判断し、時代遅れの結果に導いてしまいました。「経験があること」では必ずしも正解にたどり着けないという一例です。

また、これと似たようなケースとして私がここ最近感じるのは、新入社員の「電話応対」に対する考え方のギャップです。

これから入社してくる若い世代は、かなり幼いころから携帯電話を1人1台持つという環境で育ってきた人たちです。つまり、この世代の多くの人が、「他人にかかってきた電話を取り次ぐ」という経験自体を一度もしたことがないのです。

ところが、その事実に対し、「基本的なことができない」「常識がない」「何を学んできたのか」などと一方的な価値観で責める管理職のぼやきを、ときおり耳にすることがあります。

これこそまさに想像力の欠如であり、時代遅れの考え方といえます。こうした考えが根付いていると、チームの空気づくりはなかなか難しいだろうと思わざるをえませんでした。

「世代の違い」に迎合せず、受け入れて活かす

私が多くのリーダーと接してきて感じるのは、自分が引っ張らなければならない、影響を与えなければならないと意識しすぎてメンバーを自分のテリトリーに引き入れようとすると、大抵の場合失敗するということです。

リーダーがついやってしまいがちな誤りの1つです。それは結局、自分の価値観にメンバーを一方的に合わせさせようとすることと、仕事のレベルアップとを混同しているだけです。

優れたリーダーは、メンバーを自分のテリトリーに引き込むのではなく、相手のテリトリーに、しかも存在感を主張しすぎずに、うまく入っていきます。強く引っ張る必要がない場面などでは、メンバーにできるだけ合わせようという意識も持っています。

ただし、それは「相手に迎合すること」ではありません。中には流行りの歌を覚えたり、若者の言葉を使ったりする人もいますが、それはただの「迎合」であって、「距離が近付いた」とは異なります。

そもそも「世代の違い」とは、本質的に何をしたとしても完全に埋められるものではありません。

大事なことは、お互いの違いを理解して、その違いを尊重した関係づくりをすることです。

優れたリーダーは、それをきちんと理解しているのです。

メンバーに自分の意志がうまく伝わらなかったり、相手の行動、態度、言動を理解できず、世代の違いを感じることは日常的にあるでしょう。

これは最近に始まったことではなく、古代エジプトの記録にも「今どきの若い者は……」というニュアンスの記述があるといいますから、時代を問わず人の特質とも言えるかもしれません。

自分たちとの違いばかりを嘆いても、物事は前に進みません。

世代間のギャップや若いメンバーを批判するのではなく、相手世代の常識を知り、それを受け入れたうえで折り合いをつける姿勢を意識しましょう。

そこからチームの空気づくりはスタートするのです。

まずはリーダーの根本的な意識改革が、世代間ギャップという問題を解決する糸口であることは間違いありません。

Leader's Rule 17

適切な「権限委譲」が人を育てる空気を生む

「権限委譲」に対する勘違い

チーム運営において「権限委譲《けんげんいじょう》」が大事なのは多くのリーダーが感じていることです。ですが、巷の書籍やウェブで盛んに議題にのぼることからもわかる通り、「権限委譲」を効果的に実践するのは決して簡単なことではありません。

私が多くの現場を見て感じるのは、「権限委譲」のバランスの悪さです。

優れたリーダーは、実にバランスよく権限委譲を行います。自分の持っている業務や裁量をメンバーの能力を見ながら適切に引き渡し、メンバーの成長を巧みに促すのです。そうした適切な権限の委譲は、メンバーのモチベーションにもつながり、空気づくりに不可欠なステップといえます。

ここでは2つの事例を通じ、適切な「権限移譲」について考えてみます。

あるチームリーダーSさんは、メンバー育成の意識が高く、「何事も経験しないと身に付かない」「任せることが大事」と考え、メンバーにできるだけ仕事を任せるよう努めています。

ゴールは示しますが、具体的な仕事の進め方についてはあまり口出しをせず、メンバーに判断させています。「自分で考えること」ができなければ、仕事は身に付かないという考えに基づいてのことです。

そんな中、あるメンバーからこんな意見が出ました。

「きちんとした指導が受けられないから、このままではレベルアップできない」

そしてそれを理由に、退職の意思までほのめかしてきたのです。

話をよく聞いてみると、やり方がわからなくて質問したい場面や、判断に迷って相談したい場面があっても、Sさんには直接は聞きにくく、他のメンバーも忙しそうにしていて話せる雰囲気ではないため、仕事に行き詰まりを感じることが多いというのです。

「自分で考えろ」と言われても今の自分の力では難しく、スキルアップの実感や自信が持てないのだと言います。

そこでSさんは、このメンバーに対して別のメンバーを指導役に付け、細かな仕事のやり方など、個別に相談できる体制をつくりました。

Sさん自身も、これをきっかけに他のメンバーへの声掛けの回数を増やし、話し合いやすい雰囲気づくりを心掛けました。その後は指導役の尽力もあり、このメンバーからの退職意志も撤回され、今は仕事を順調にこなしています。

もう1つ、こんな例があります。**同じくメンバー育成に熱心なリーダーJさんは、**

とにかく自分の知識やノウハウをメンバーに伝えたいと思うタイプです。彼も「権限委譲」が大切だと強く感じており、自分のやり方を教えながらも、できるだけ多くのことをメンバーに任せています。

ところが、あるメンバーから言われたのは、**「いつまでも細かく指示されて、仕事を任せてもらえない」**という不満でした。

彼は能力が高い優秀なメンバーですが、「任せたと言われる一方、途中でいろいろ口を出されたり、仕事を取り上げられてしまうことがある」ため、そのせいでやる気がなくなってしまうと言うのです。

そう言われると、Jさんにも思い当たることがありました。Jさんは権限移譲とはいえ、メンバーを見放してしまうのは任せることとは違うと考えていました。そのため、メンバーの行き詰まりなどを感じたときは、自分の思う答えを提示するようにしていたのです。

考えを改めたJさんは、このメンバーの指導では、「一方的に答えを言わない」ことを心がけるようにしました。「質問を投げかける」「選択肢を示す」ことに徹し、それから先はできるだけ本人に考えさせるように舵を切ったのです。

はじめは戸惑う様子があったものの、もともと積極性があるメンバーだったので、リーダーがかかわり方を見直したことをきっかけに、自分から質問や相談をしてくる機会が増え、成長速度は高まっていきました。そして今では、チームの中核メンバーとして活躍するまでになったのです。

"適切な"権限委譲の捉え方は人によって異なる

2つの例のリーダーは、いずれも「権限委譲」が大事だと考えており、それを実践しようとしていました。しかし、リーダーの思惑に反し、メンバーの受け止め方は正反対でした。

前者では、リーダーはメンバーのために「余計な口は出さない」と決めたものの、メンバーは「放置されている」「仕事を押し付けられている」と感じていました。

一方後者のリーダーは、「任せつつも見放さないで丁寧に教えている」つもりでしたが、メンバーは「過剰な干渉だ」「やり方を押し付けられている」という反発を持っていました。

問題だったのは、それぞれの権限委譲の仕方が、リーダー自身の価値観や感覚によるもので、相手のレベルや感じ方に配慮していなかった点にあります。

私が見てきたリーダーの多くも、口を揃えて「メンバーに任せている」と言いますが、その任せるやり方が自分基準の判断であるため、中途半端になったり、あるいはとても任せているとは言えないような状況になったりもしています。

最悪なのは、自分の思い通りにいかないことにシビレを切らし、任せたことを取り上げてしまったり、途中でいろいろ口出しをしてメンバーがやる気をなくしてしまうケースです。

リーダー自身はよかれと思ってやっているため、メンバーとの食い違いに気付きません。その時点ですでに、権限委譲の効力は失われているのです。

メンバーは「自分も決定に関与した」と思うプロセスがあって初めて「任され

た」と実感します。

ゆえに業務指導をする立場のリーダーは、やはり相手がどんなタイプか、どう感じているかをよくよく知っておかなくてはならないのです。

相手も自分と同じだろうなどと無意識的に決めつけてはいけません。「このチームはこういうやり方をする」「自分はこんな考え方で接する」「ここまでは指示するが、ここから先は任せる」など、お互いの捉え方を、はっきりと言葉にして確認し合うことが必要なのです。

“さらにもう一歩”任せてみる

もう1つ、私が多くのリーダーを見てきた中で必要だと思うのは、「自分が思った線引きから、さらにもう一歩任せてみる」ことです。

リーダー自身の感覚で、仕事のやり方や判断をメンバーに権限委譲していると思っていても、第三者から見ていると、かなり細かい内容や頻度で報告を求めていたり、「こうしなさい」と結論を指示していたり、およそ任せているとは言えない関わり方を見かけます。

　メンバーによって、任せられる人とそうでない人は当然いますが、どこまで関わってどこから任せるかは、その状況におけるリーダーの判断次第です。しかし、**結果責任がリーダーにあることを考えると、権限委譲の範囲を、どちらかといえば安全サイドで判断しがちになってしまうのです。**


優れたリーダーは、そのあたりの微妙な判断が巧みです。彼らの多くは、メンバー本人の能力に対し、頑張れば手が届く、しかし少し無理をして背伸びをしなければ達成できない。そのぐらいのレベルの仕事をうまく継続して経験させています。すると、個々の成長速度が上がり、チーム全体が生み出す成果も高まります。

　これを機に、皆さんもメンバーへの適切な権限委譲について一度検討してみてください。**もちろん、その大前提として、メンバーの能力や考え方を正確に把握しておかなければならないのは、言うまでもありません。**

Leader's Rule 18

リーダーの「つもり」が何より空気を悪くする

「聞いているつもり」で受け入れていなかったリーダー

当然のことですが、リーダーが一方的に指示命令を押し付けるだけでは、よいチームをつくることはできません。メンバーと意見を交わしながら、ともにチームをつくり上げようという姿勢が必要です。

しかし、そのように**メンバーからの意見を聞いているにもかかわらず、実際にはメンバーの意見を取り入れていないリーダーに出会うことがあります。**

もちろんすべての意見を聞き入れる必要はありませんが、「意図をもって聞き入れない」のと、「聞いているつもりで何もしない」のとでは、その中身が全く違います。**特にメンバーのやる気を盛り上げる空気づくりのうまいリーダーは、この「聞いているつもり」という状況には陥りません。**

この「つもり」の何が問題なのか、次の事例でみていきましょう。

リーダーFさんは、メンバーからできるだけ幅広く意見を聞いて、チーム運営に取り入れようと思っている民主的な考えを持ったリーダーです。メンバーとはいつもいろいろと話し合い、「よくコミュニケーションをとっている」という自負もあります。

しかしFさんには、提案を歓迎してせっかくいろいろ聞こうとしているのに、メンバーからなかなか積極的な意見があがってこないという不満がありました。

はじめはいろいろ言っていたメンバーが、いざ実行しようとすると、なぜか腰が引けて前向きに関与しようとしなかったり、ついには意見すら言わなくなってしまったのです。

これでは自分が考えるチーム運営はできないと考えたFさんは、ある日のミーティングでメンバー全員に不満を告げ、チーム運営にもっと関与してほしいと要望しました。

しかし、この話に対してメンバーの表情はどこか不満げです。そんな中で、メンバーの1人が言いにくそうに口を開いたのは、**「提案しても結局は取り入れてもらえない」**という話でした。

メンバーは、自分なりにいろいろ考えて発言や提案をしても、Fさんから何度も差し戻されたりダメ出しをされたりするので、結局自分の意見ではなくなっていると感じていたのです。これでは実現しようにも手間ばかりかかり、ハードルも高いと皆が思っていたのです。

また、実行に移されたとしても、それまでに要する時間があまりに長いことが多く、当初の課題からすでにズレてしまっていることもありました。時間の経過によって、提案したメンバー本人の熱意が冷めていることもあったようです。

Ｆさんは、性格的にとても慎重なところがあり、特に新しいことを始めるときには、自分なりにいろいろ調べたり、周囲の人に相談したりして、自分が納得するまで確認します。

それはリーダーとして必要なことですが、メンバーはその姿勢を「乗り気ではない」「ダメ出し」「後ろ向き」と捉えており、やる気をなくしてしまっていたのです。

その後Fさんは、自身のこれまでの行動を反省し、メンバーとの接し方を改めます。慎重に判断するという基本的な姿勢は変わりませんが、2つのことを心がけるようにしました。

まず、メンバーからの提案や意見の進捗状況を、Ｆさんからの発信でメンバーと共有するようにしました。途中経過を自分から知らせることにしたのです。

もう1つは、それを単なる状況報告にせず、「自分はこんな心配をしている」「周りからこんなことを言われた」などと懸念や問題点を添え、メンバーからも意見を聞くようにしたのです。

それにより、メンバーは自分の意見や提案が軽く扱われていないことを知り、実現方法を深く一緒に考えるようになりました。

チーム運営に積極的にかかわろうという意思が戻り、次第にチームの空気も活性化していったのです。

多くの場面で見受けられる「学習性無力感」

この例とつながる心理学理論に、「学習性無力感」というものがあります。有名なのは「カマスの実験」といわれるものです。

水槽のカマスとエサの間をガラス板で仕切り、カマスがエサを見つけて食べようとしても、ガラス板に遮《さえぎ》られてエサを食べられない。

それを繰り返すうちに、エサを見てもカマスが全く反応しなくなり、その後ガラス板を外してもエサを取らなくなるそうです。

つまり、「どうせやっても無駄だ」ということを学習し、行動しなくなってしまうのです。

この「やっても無駄」「どうせ変わらない」などの心理状態は、意外に多くのチームで見受けられます。

その原因として最も多いのは、メンバーを組織の論理や権威で押さえつけようとするリーダーの存在です。

リーダー自身が相対的に上の立場を保つために、「チャレンジを認めない」「提案を却下し続ける」「聞く耳を持たない」など、「出る杭を打ち続けている」という状態です。

そこまでいくとやや極端ではありますが、**慎重さや現実的な考えに縛られるリーダーは、メンバーの無力感を助長してしまうので注意が必要です。**

「つもり」に気付かないリーダーが一番危険

注意しなければならないのは、「学習性無力感」の原因が、自分にあると気付かないケースも起こりうることです。

ある会社では、メンバーから提案や意見を募ると言いながら、その全てを丁寧に論破しているリーダーがいました。本人はメンバーの指導や育成のつもりでしたが、粗探しやダメ出しを目的とした意見聴取《ちょうしゅ》も「聞いているつもり」と変わりません。

今回の例のFさんも、本人は真面目にリーダーの役割を果たそうと頑張っており、いろいろな意見や提案を受け入れているつもりでした。

しかし、メンバーはリーダーの慎重な姿勢を「聞く耳を持っていない」「実行する気がない」と捉えていたのです。

ちなみに、先ほど紹介した「カマスの実験」によれば、この問題の解決方法は、

「新しいカマスを水槽に入れること」だと言われています。

普通にエサを取ろうとする新しいカマスを見た〝無気力なカマス〟は、実はエサが食べられるのだということを知り、それまでの「諦め」から解放されるのだといいます。

つまり、仮に「学習性無力感」が起こっても、その当事者や周辺にいる関係者が具体的に行動や態度、姿勢が変わったことを見せれば、すぐに解決することは可能だということです。

「聞いているつもり」と「聞いている」の違いは、具体的かつ前向きなアクションを取っているか否かです。

「前向き」というのは、メンバーと経過を共有し、単純に否定せず、最善の策を考えていくことです。

自分が「聞いているつもり」に陥っていないか、リーダーは自分の行動を改めて見直してみましょう。

Leader's Rule 19

「理屈」と「感情」の使い分けがメンバーの納得を引き出す

「納得」を得られず不満を持たれたリーダー

リーダーはチームの方針や目標に基づいて、各メンバーの仕事内容や行動を指示しますが、すべてのメンバーが１００％の納得感を持って仕事をするのはなかなか難しいことです。命令という形で無理にでもやらせるしかない状況は、多くのリーダーが経験していることでしょう。

しかし、メンバーが納得しないままの命令や強制を繰り返していると、それぞれのメンバーの行動力は徐々に鈍り、いつしか自分たちで考えることをやめ、チーム

としての空気はどんよりと停滞していきます。

では、どのように「納得」を引き出したらいいのでしょうか。

メンバーの納得を得るのがうまいリーダーに共通しているのは、指示や命令の際の「理屈」と「感情」の使い分けが絶妙だということです。そのためのヒントとなる事例を紹介していきましょう。

あるＩＴ企業のリーダーＹさんは、技術や知識、スキルの高さが認められ、最近チームリーダーの役割を担うようになりました。

理系大学出身で何でも論理的に考える、いかにも技術者といった雰囲気のリーダーです。メンバーへの接し方も独自の雰囲気通りで、どんな些細なことでも丁寧に、理解しやすいように論理的に話をします。

リーダーになってからは、メンバーとのコミュニケーションも積極的に行い、できるだけ多くのことを話し合うように心がけています。

チームが担当するプロジェクトは、頻繁な顧客要望、突発的なトラブル、その他事前に予定を組むことが難しいケースも多く、対外的な調整事項もあり、仕事としてはなかなか厳しいものです。

しかし、Yさんは何かある度に関係するメンバーには細かく状況を説明し、メンバーからも状況を聞き、そのうえで業務指示を出しています。

常に説明をしてコミュニケーションをとっていたので、チーム運営はうまくいっていると思っていました。

そんな中、ある日起こったトラブルに対する指示に、メンバー数人がYさんに対する不満をぶつけてきました。その内容はこんなことでした。

「Yさんはいつも一方的で話を聞いてくれない」
「強引に押さえつけようとする」
「自分たちの大変さをわかっていない」

Yさんとしては、メンバーからの話も聞いていたはずですし、十分な説明もしていたつもりです。しかし、メンバーは**「理屈だけで一方的に押さえつけられてきた」**という感情的な不満を抱えていたのです。

確かに理路整然と説明され、そのうえで指示命令も受けていました。ですが、メンバーにとっては大変な作業もあり、そのことに反論しても理屈で返されてしまうので、**リーダーには自分たちの気持ちが理解されていないという不満が積み重なっていたのです。**

その後Yさんが心掛けるようにしたのは、今までのようにきちんと説明することを続けながら、それにプラスしてメンバーへの期待、引き受けてくれたことへの感謝やねぎらいなど、**相手の気持ちに寄り添う言葉をかけることでした。**

もちろん、今までもそういった感謝の気持ちはありましたが、きちんと口に出して伝えることをしてこなかったのです。まずはそこを改めることにしました。

仕事がひと区切りつけば、たまに食事やお菓子をご馳走したりもしました。そうしてしばらくたつと、メンバーは大変な仕事でも前向きに取り組んでくれるようになり、ときおり出てくる不満などについても、チーム内で話し合って解消することができるようになりました。

正論であっても人は理屈だけでは納得しない

この例のように、チーム運営上の大切な要素として、「メンバーの納得感」があります。リーダーが完璧な理屈を提示すれば納得を引き出せるかといえば、決してそうではありません。**むしろ、理屈が正しければ正しいほど、感情的な反発が生まれてくるものです。**

例えば、技術者や研究者など論理思考の強い職種では、何でも筋道を立てて理屈で解決しようという、悪く言えば理屈っぽい人が多い傾向があります。もちろん他の職種でも同じような人はいます。

そういった人は、チーム運営やメンバーとのかかわりにおいて、調整が必要な場面や、とにかくやってもらわなければならない場面に遭遇したとき、往々にして論理的な説明で相手を納得させようとします。

しかし、**人というのは、いくら理屈が合っていたとしても、感情では納得できないことが多々あるものです。**

また、誰が理屈を掲げるかも大きな問題です。例えば遅刻の常習犯に、「遅刻をしてはいけない」と説かれても誰の心にも響きません。同じように、「この人に頼まれたら断れない」「この人の言うことはやりたくない」といったことは、避けて通れない人間の感情です。

感情だけで動く人はいませんし、感情だけで相手に何かを求める人もめったにはいません。同じように理屈だけで動く人もいません。ですが、**理屈を過信し、それだけで相手を動かそうとするリーダーは、私が今まで見てきた中でも意外に多くいるものです。**

もちろんリーダー自身はメンバーに真面目に向き合い、それがいかに正しい考え方かを一生懸命説明し、だから好ましいことだと訴えかけ、同意や納得を得ようとします。しかし、そうやって理詰めで追い込まれたメンバーは、反論のすべもなく自分自身の感情に訴えるしかなくなってしまいます。

そこで実際に感情的な態度をとればまだよいかもしれません。ですが、上司が相手となれば、大抵はその感情を自分の中に押し込めてしまうものです。そうして不満、諦め、思考停止といったネガティブな感情は蓄積し、チームの空気はますます悪くなっていくのです。

人は理屈だけでは動かない。このことは、改めて肝に銘じておく必要があります。論理だけ、感情だけでは相手の納得は得られません。その両方を場面に応じて使い分けることが重要になってくるのです。

最後の最後の局面は「感情」に訴えかける

これはある会社のベテランリーダーが言っていたことです。

例えば、非常に厳しい内容の仕事や、責任の重い立場をメンバーに指示しなければならないとき、もちろん論理的な説明は徹底的にするし、フォローする体制や責任の所在など、受け入れやすい環境もつくる。

しかし、**本当に最後の最後の局面では、「あなた以外にいない」「力を貸してほしい」「私の顔に免じて協力してほしい」という自分の正直な気持ちを、心を込めて話すしかないということです。**

論理と感情、両方に配慮することは大前提です。ですが、人間と人間ですから、最後の最後の局面では感情に訴えかけるしかないということです。それがメンバーの最終的な納得にもつながるといいます。

ただし、そのためには、相手から「この人にそこまで頼まれたら仕方ない」と思われる存在でなくてはなりません。**つまり、常日頃からの信頼関係があってこそです。**

その点を意識しながら、改めて理屈と感情の使い分けを見直してみてください。

Leader's Rule 20

メンバーの「やる気のツボ」を取り違えると空気はよどむ

「やる気のツボ」は人それぞれ

ビジネスにおける人材のモチベーションは、時代によって大きく変化します。特に現代のビジネスマンの中には、「金銭」や「役職」がダイレクトにモチベーションアップにつながらないケースが増えています。まずはそのことをしっかり認識しなければ、いつまでも見当違いな施策を続け、チームの空気を乱してしまいます。

その手の見当違いのリーダーからは、たびたび次のような不満が聞かれます。

・仕事の成果が評価されてボーナスも多かったはずなのに、やる気が増した様子がない。
・これまでの実績から、中心メンバーに抜擢したのに、やる気を見せない。
・役職者への昇格を嫌がる。
・かかわるチャンスがめったにない仕事なのに、取り組み姿勢が前向きでない。

これらの不満からは、リーダーが心の中で「せっかくいい評価をしているのに」「面白い仕事なのに」「役職が上がるのに」「チャンスなのに」と思っていることが透けて見えてきます。しかし、その考え方自体が間違っている可能性があるのです。

チームにいい空気をもたらすリーダーは、メンバーそれぞれの「やる気のツボ」を知っています。メンバー一人ひとりのパーソナリティをしっかりと把握し、それぞれのメンバーにマッチしたモチベーションアップの施策を講じること。そうした考え方が、現代のビジネスシーンでは求められているのです。

前述のリーダーの不満には、実はすべてに共通点があります。

1つ目は、今より上の給料、肩書、仕事内容を与えるということ、つまりその人の上昇志向を刺激してやる気につなげようとしていることです。

利用されるのは金銭的報酬、役職、社会的地位などがありますが、上昇志向を強く持たない人にとっては、その働きかけ自体に魅力を感じられません。「上を目指そう」という姿勢が強すぎるリーダーは、このメンバーの「やる気のツボ」がなかなか理解できないのです。

2つ目は、評価や報酬を使った「外発的動機付け」に偏っていることです。「外発的動機付け」は誰でも実践しやすく短期で効果が表れると言われる反面、慣れを生んで効果が持続しない、自主性を引き出しにくいといった欠点があります。

これに対して「内発的動機付け」は、自身の興味や関心から生まれた意欲と、それに向き合うことでの充実感や達成感など、その人の内面的な要素によるものを言います。

人にやる気をもたらす動機付けには、この両方を併せて行なう必要がありますが、「外発的動機付け」の方が実践しやすいため、こちらに偏りやすい傾向があるのです。

そして3つ目は、モチベーションにつながる「やる気のツボ」というのは、その人の価値観や職業観そのものだということを理解していない点です。つまり、メンバーそれぞれに合わせて施策を変えることができていないのです。

仮に「やる気のツボ」はみんな違うとわかっていても、自分の価値観とは異なる相手の気持ちを理解するのは簡単ではありません。

人間は、自分にとってやる気が出ることやモチベーションが高まることは、つい他人も同じだと思ってしまいがちです。その結果、自分の価値観をおしつけたメンバーの反応を見て、「なぜやる気が出ないのか」と悩んでしまうのです。

では、どうすればそういった考え方から脱却し、メンバーそれぞれの「やる気のツボ」を押さえることができるのでしょうか。

称賛が「やる気のツボ」にならない現代

まずリーダーは、メンバーの「やる気のツボ」が自身の価値観と全く異なるものであっても、それをしっかりと受け入れたうえで、それぞれのメンバーに合わせた働きかけを考える必要があります。

そのための大前提として、メンバーが必ずしも上昇志向を持っている人間だと決めつけないことです。そして、そのようなメンバーに直面したとき、相手を「やる気がない」と見てはいけません。

「仕事ができない」「無能だ」などと判断するのはもってのほかです。

現代の若いビジネスパーソンの「やる気のツボ」にはいくつかの傾向があります。

1つは**「他のメンバーの役に立ちたい」**などの人間関係にかかわるものの場合、もう1つは**「今の仕事を極めたい」**など業務プロセスそのものへの興味の場合。また、「昇格しよう」「報酬を上げよう」という発想よりも、**「チームのみんなが助か**

る」といった言葉のほうが、やる気に直結する場合もあります。

また、特に若手社員の中では金銭的報酬を重視しなくなっている傾向があります。その背景としては報酬のことを全く関係ないと思っているわけではなく、**「あって当然で不十分なときに不満を感じる＝衛生要因」**の要素が強まっているのです。

こうした傾向があるため、個人間の競争心を刺激してやる気につなげようと、例えば営業職で個人業績を貼り出したり、目標達成者を発表して称えたりというのも、今や必ずしもメンバーのやる気にはつながらず、かえって逆効果になる状況も増えてきています。

要するに、チームの中で個人が突出することを好ましく思わない人が増えているのです。

このように「やる気のツボ」が変化してきていることを、リーダーとして十分に認識するのが、よきリーダーとなる第一歩と考えましょう。

相手目線での「やる気のツボ」を理解せよ

やる気やモチベーション向上につながることで、すべての人に共通する最も重要なことは**「幸せを感じるか」「楽しいと思えるか」**という主観的な感情です。

これは人によって対象や基準が異なりますし、その人を取り巻く環境やライフステージによっても変化していきます。

そんな主観的な「やる気のツボ」を、他人であるリーダーが刺激するには、よほどそのメンバーのことを理解していなければ不可能です。

ですから、リーダーとしてやるべきことは、**メンバーそれぞれをよく観察し、コミュニケーションを重ねてそのメンバーを深く理解することです。そうでなければ、「やる気のツボ」に触れることはできません。**

現代のリーダーは、まず自分の価値観や職業観に引きずられがちな「古いモチベーションアップの方法」をリセットし、メンバーの目線で「やる気のツボ」を探す考え方に切り替えることが重要です。

ビジネスの現場でも時代は刻一刻と変化しています。
その変化に対応できるリーダーを目指し、チームの空気をよりよく変える糸口を見つけましょう。

Leader's Rule 21

「信頼」と「監視」のバランスが空気を左右する

「信頼」だけではチームは機能しない

チームが一丸となるためには、リーダーとメンバー、またメンバー同士の信頼関係が重要であることは言うまでもありません。

ですが、**リーダーが責任を持って仕事を進めるためには、メンバーを信頼して任せているだけでは難しく、強制的に命令をする、ノルマを課す、などといったことが必要な状況もあります。**

それに納得しないメンバーや、不満を持つメンバーの扱いに悩んでいるリーダーもたくさんいることでしょう。

その点の扱いに長けたリーダーは、メンバーを「信頼」して任せることと、疑いを持ちながら「監視」することを、絶妙なバランスで両立させています。事例を交えて紹介しましょう。

まず1つ目の事例です。ある営業チームのリーダーは、できるだけメンバーのやる気を促そうと、最終的な業績目標の達成に向けたマネジメントに徹して、現場の細かい仕事の進め方にはできるだけ口出ししないように心がけていました。

厳しい事業環境の中でチームは何とか目標達成を続けていましたが、あるときメンバー数人が、一部顧客との間で決められた手順から逸脱した方法で取引していたことが発覚します。

金銭的な不正を防ぐために手順の厳守が指示されていましたが、顧客の要望を口実にして、それを独断で変えていたということでした。

幸い当事者のメンバーは、何とか顧客要望に応えようとしていただけで、金銭的な不正などはありませんでしたが、当然リーダーは責任が問われます。

今までは想定していなかったことだったので、リーダーは顧客取引の方法についての「監視」を強め、メンバーには改めてルール厳守と報告の徹底を求めることとなりました。

このように「信頼」に偏り過ぎ、毅然とした態度の不足や甘さがあると、不正、手抜き、隠蔽《いんぺい》につながる危険性が高まります。ここでいう不正や隠蔽とは、会社に重大な損害を与えるようなものだけでなく、決められた手順や期限を守らない、自己判断で報告しないといった日常で起こり得るものも当てはまります。

「監視」のマネジメントに偏ってはいけない

そして、2つ目の事例です。ある会社のチームで、ネットを介した新サービスを検討することになり、このチームリーダーは、まず新サービスに関するアイデアのレポートを、期限を決めて全メンバーから提出させることにしました。

レポートは全員から期限どおりに提出されたものの、リーダーがその中身を見ていくと、どれも内容の薄い期待外れなものばかりです。リーダーはメンバーを集めて「真面目に考えたのか」と叱責しますが、メンバーは不満そうにこんなことを言い出しました。

「何の枠組みもなくただ自由に考えろと言われてもできない」
「忙しい中でこんな余計なレポートに時間はかけられない」
「文句を言うならまずリーダー自身が考えるべきだ」

こんなメンバーの様子から、このリーダーは改めて新サービスの検討をテーマにしたミーティングを行なうことにしました。あえて参加を強制せず、リーダーがみんなからのアイデアを聞くという主旨です。

ミーティングでは、お互いの意見を聞きながら自由に発言できるように心がけたことで、メンバーの姿勢は徐々に協力的になり、その後の検討はスムーズに進むようになりました。

ここで最初に行なった「期限を定めて義務的に考えさせる」という方法は、どちらかと言えば「監視」に基づくものです。新サービス検討は業務の一環ですから、このやり方はある意味では正しいものの、**やはり「監視」に偏った施策は、メンバーのやる気を削いでしまうこともあります。**

特に、「新しいアイデアを考える」などという場合、与えた時間と結果は必ずしもリンクしませんから、期限を優先すれば期待外れなものが出てくるのは当然考えられることです。

また、アイデアは1人で黙々と考えるより、さまざまな情報や他人の意見などの刺激を受けながら進めた方が、よい結果が得られるケースも多くあります。そうなると、期限を厳しく区切ることや個人レポートという方法は、あまり適切ではないでしょう。

このように、状況や場面を考えずに、数値や期限などによる「監視」に偏るリーダーは、意外に多く見受けられます。また、**リーダー自身がそれをマネジメントだと信じており、偏りに無自覚なことも往々にしてあります。この傾向は、経験豊富なベテランのリーダーに意外に多いのも特徴と言えるでしょう。**

状況に応じた「信頼」と「監視」の比率を考える

一般的に言われるように、メンバーへの「信頼」をベースとして、主体性を持った取り組みを促すマネジメントが効果的であることに疑いの余地はありません。中長期で見ればなおさらそうです。

ただし、それが許される度合いは、個人の持つスキル、仕事の特性、周囲との関係性や企業風土などによって、それぞれ変わってきます。

「信頼」を基礎としたマネジメントが望ましいとはいっても、それが実践できる環境ばかりではありませんし、そういう手法がなじまない職種や業種もあります。

私が知っている企業の中では、経営が安定しており、中長期的な事業戦略を考え

る余裕がある会社では、「信頼」を優先した考え方が多く取り入れられています。

反対に業績が厳しい、常に短期的な業績を重視する会社では、「監視」を重んじる傾向にあります。

「信頼」は重要ですが、「過信」は甘さやルーズさ、不正につながりますし、「監視」も行きすぎると閉塞感《へいそくかん》や息苦しさ、不満につながり、やる気と主体性が失われていきます。

「信頼」と「監視」の適切なバランスを尋ねられたとき、私は「疑いを持ちながら信頼するマネジメント」と答えています。

そのバランスとは最低限の「監視」と最大限の「信頼」です。

ルール、期限、事務処理などのフォローミスが不正やトラブルにつながることは、疑いを持って「監視」しつつ、それ以外のことは「信頼」を基本にできるだけ任せるのがベストでしょう。

ただし、どこまで「信頼」するかというレベルは、それぞれのメンバーによって異なります。

マネジメントとしての「監視」は当然必要ですが、一方で、「信頼」を重視してメンバーに仕事を任せなければ、レベルアップは望めません。できなかったことができるようになるのがレベルアップですから、今こなせると考えている、さらにもう一歩先くらいまでを任せる必要があります。

最低限の「監視」と最大限の「信頼」が、メンバーのやる気を高め、人材を育て、チームによい空気をもたらします。このバランスを意識しながら、メンバー一人ひとりに向き合ってみてください。

Leader's Rule 22

空気がつくれないリーダーは、「管理」と「マネジメント」の違いを知らない

「管理」と「マネジメント」が混同されている事実

「マネジメント」という言葉を日本語に置き換えると、多くの人は「管理」と答えます。「マネージャー」といえば「管理者」となるでしょう。

しかし、**この「管理」と「マネジメント」の間には、実は大きな違いがあります。そして、リーダーがこの違いを理解していないために、メンバーのモチベーションが下がり、チームの空気が悪くなってしまうことも少なくありません。**

チームをまとめる力があるリーダーは、この「管理」と「マネジメント」が違っていることをしっかり理解し、その場面に応じた使い分けを意識しています。

ここではその違いがどういうことなのか、どんな捉え方や使い分けが適切なのかをお伝えします。

まず、**「管理」**という言葉の意味を辞書で調べてみると、「ある基準などから外れないように、全体を統制すること」とあります。これはすでに決まった計画、手順に基づいて、それが予定通りに進んでいるかを確認しながら、そこから逸脱しないよう対策を加えるということです。

一方で**「マネジメント」**は、多くの辞書では「○○マネジメント」など、どんな分野かをあらわす言葉とつなげて説明されています。

これは、「マネジメント」という言葉に、「管理」よりもう少し広い意味があることを示しています。

著名な経営学者のピーター・ドラッカーは、著書の中で「マネジメント」を、**「組織に成果をあげさせるための道具、機能、機関」**と定義しています。こちらの方が実態には合っているでしょう。

チームの「マネジメント」に必要な要素には、「管理」が意味する「基準に対する統制」だけでなく、「現状評価・分析」「計画立案・実行」「判断・選択」「人員配置」「部下の指導・育成」「関係調整」「指揮・命令」「動機付け・モチベーション」「リーダーシップ」など、とても多様な意味合いを含んでいます。

ひと言で言えば、「管理」はメンバーの監視や統制を中心とした狭義のニュアンス、「マネジメント」はそのチーム運営に必要な概念を統合した広義のニュアンスだといえるでしょう。

無意識でいると「管理」に偏りやすくなる

この定義に当てはめて聞いてみると、多くのリーダーは「自分のしているのは管理ではなくマネジメントだ」と答えます。確かにリーダーの仕事が「管理」の要素だけで完結するはずはなく、「マネジメント」を全くしないリーダーというのは存在しません。

しかし、**私が多くの現場でリーダーを見てきた経験では、両方の要素は確かにあっても、圧倒的に「管理」の比率が高いリーダー、また「管理」が適切でない場面で「管理」をしているリーダーが多いと感じます。**

例えば、ある会社のリーダーがメンバーと面談をしている場面を見たとき、そのやり取りの8割以上をリーダーだけが一方的に話していたことがありました。

このリーダーは決してメンバーの言うことに対して聞く耳を持っていないわけではありませんが、それ以上に自分の考えをメンバーに伝えたい気持ちが強く、その結果としてリーダーからの一方的な情報伝達になってしまっているのです。

リーダーが描いた段取り、基準、手順をメンバーに伝え、その通りに動いてもらいたいのでしょうが、これは「マネジメント」というよりも、メンバーの「管理」が主眼になっています。

仮にそれが「管理」にふさわしい場面、つまりあらかじめ決まった基準と手順で、仕事が予定通りに進んでいるかをチェックするための面談ならば問題はありません。

メンバーのこれまでの仕事の進み具合を確認し、今後の進め方を伝達することがコミュニケーションの中心になりますから、リーダーからの話が多くなるのは当然でしょう。

しかし、この場面は本当にそれでよかったのでしょうか。

もしもお互いの意見交換の中で、より多くの「マネジメント」の選択肢を見出そうとしているのであれば、会話の比率がこれほど偏ることはありません。

メンバーが考える問題点、その他の情報を聞き出したり、周辺の業務状況を確認したりすることによって、「マネジメント」が必要な要素を見つけて、それに対する手を打たなければなりません。

トラブル回避、予防措置、計画や予定変更の可能性、それが起こった場合の想定と準備など、「管理」しているだけでは足りないことがたくさんあります。

また、数字のとりまとめや報告資料づくりに熱心なリーダーも、「管理」に偏りがちな傾向があります。「予定、計画を守る」という意識が強いため、せっかく数字や資料をまとめても、そこから「マネジメント」に必要な要素を読み取って手を打とうとせず、ただ予定や数字の達成度による「管理」だけをしようとします。

この例に見られるように、本来は「マネジメント」が必要な場面にもかかわらず、「管理」に偏っている光景は、現場の至るところで見られます。

さらに多くのリーダーはそのことを自覚しておらず、自分がしているのは「マネジメント」だと誤解しています。**「管理」と「マネジメント」との違いを意識して**

いないと、ついつい「管理」に偏りがちだということは知っておくべきでしょう。

「マネジメント」は「管理」ではなく「やりくり」だ

私がリーダーたちに「マネジメント」の本質を説明するとき、「マネジメントとは『管理』ではなく『やりくり』である」と言っています。

計画的にこなすべき仕事や予定の変更がほぼない仕事、変化の少ない仕事であれば、それらを「管理」することが中心になりますし、その比率は当然高くなります。

しかし、そんな「管理」だけで進められる定型的な仕事は、すでにどんどん減ってきています。今後もＡＩの活用や技術の進歩による自動化、省力化が進み、仕事の中での「管理」の比率が減っていくことは間違いありません。

そんな中でリーダーがやらなければならないことは、トラブル予防やリスクヘッジ、要員の手当て、緊急サポート体制、企画や基準・手順のブラッシュアップ、メンバーの余力も含めた業務状況の把握、各メンバーのスキル把握や育成、予算の手当て、顧客調整や根回し、その他単純に枠組みが決められないような仕事がほとんどです。

状況変化が激しい非定型的な仕事は、「管理」という発想だけでは絶対にこなせません。

それゆえ私は「やりくり」と呼んでいます。「やりくり」するには、常日頃から選択肢のリソースを増やしておかなければなりません。そのために多くの情報を集め、その情報から実態を的確に読み取り、チームのメンバーだけに留まらず、内外の関係先にさまざまな働きかけをする必要があります。

説明、説得、折衝、根回し、取引、競争、対決、その他を総合したものが「マネジメント」です。

これらを駆使するためには、相応の経験や知見が必要です。そのためのスキルを学び、メンバーをはじめとした関係者たちと、日頃からコミュニケーションをとりながら信頼関係をつくっていくのがリーダーの果たすべき役割です。

昨今、多くのチーム運営が、狭義のマネジメントである「管理」に偏りがちになっています。その理由は「マネジメント」と「管理」を混同し、状況を考えずに何でも計画通りに進めようとする柔軟性の欠如にあります。

優れたリーダーは、「管理」と「マネジメント」の違いを理解し、無意識的にいると「管理」に偏りすぎてしまう危険も知っています。

その点を十分に踏まえ、場面場面にふさわしい「マネジメント」を常に心がけているのです。

皆さんもこれまでの認識をいま一度振り返ってみてください。

おわりに

いかがでしたでしょうか。取り上げた事例と似たような経験をされた方、思い当たることがある方などもいたのではないでしょうか。

今まで言われてきた一般的なリーダー論に、チームの「空気」を重視する視点をプラスすれば、必ず成果が上がるチームをつくることができるのは間違いありません。

ただ、ここで勘違いしていただきたくないのは、チームの「いい空気」は、単に和気あいあい、にこやか、おだやかで平穏というものばかりではないということです。

その場面によって、厳しい言葉を使って引き締めたり、あえて落ち込ませたり、不満な気持ちを刺激して力に変えたり、その場に応じた「空気」をつくり出さなければなりません。居心地の悪い雰囲気が必要な場面もあるのです。

しかし、常に成果が上がっているチームは、不穏であったり張りつめたりした「空気」の時間が、少ないことも確かです。そういうチームのリーダーやメンバーの日頃の様子を見ていると、ひと言で言えば「仲がよい」と感じます。

ただし、その仲のよさというのは、友人のような気が合う者同士、好きな者同士の場合とは少し違っています。あくまで仕事として、同じ課題に取り組んでいる者としての仲のよさです。

必要以上にベタベタすることはありませんが、反対に仕事とプライベートを無理して区別したり、それによって距離感を変えたりもしません。

雑談も含めてお互いにいろいろな話をし、お互いのことをよく知っていますが、立ち入り過ぎることはありません。

仕事以外の時間も、食事に行ったり飲みに行ったり、休みの日にどこかに遊びに行ったりすることもありますが、誰かがそれを強制するでもなく、お互いが気軽に交流しています。そして、それがリーダーとメンバー全員を含めたチーム全体に根付いています。

いうなれば、みんながとても自然体なのです。

そうやって自然体でいられるチームの空気が、仕事で成果を出すためには、実は最も重要だと感じます。

そして、そんな「空気」をもたらすリーダーは、本当にいろいろなことによく気付き、メンバーともフラットに接しています。

リーダー自身が自然体でメンバーに接することが、メンバーとの信頼関係につながり、それが、ひいてはチームの「空気」をよくすることにつながるのです。リーダーの皆さんは、ぜひ「自然体」を意識してみてください。

最後に、本書の発行にあたっては、多くの関係者にお力添えをいただきました。

コラムとして連載中に、さまざまなアイデアやご指摘をいただいたおかげで、書籍としてまとめることができました。

また、何よりも連載コラムを多くの方にお読みいただいたことが、本書の出版をするうえで一番の後押しになりました。共感してお読みいただいた読者の方々には、この場をお借りして改めて御礼申し上げます。

リーダーの皆さまのこれからのご活躍を祈念し、本書のまとめとさせていただきます。

平成30年6月吉日

小笠原隆夫

【著者紹介】

小笠原隆夫（おがさわら かたお）

ユニティ・サポート代表・人事コンサルタント・経営士
BIP 株式会社代表取締役社長

IT 企業で開発 SE 職を務めた後、同社で新卒中途の採用活動、
人事制度構築と運用、ほか人事マネージャー職などに従事。
二度の M ＆ A では責任者として制度や組織統合を担当。
2007 年 2 月に「ユニティ・サポート」を設立し、同代表に。
以降、人事コンサルタントとして、組織特性を見据えた
人事戦略や人事制度策定、採用支援、CHRO（最高人事責任者）
支援など、人事・組織の課題解決に向けたコンサルティングを
さまざまな企業に実施。
2012 年 3 月より「BIP 株式会社」にパートナーとして参画し、
2013 年 3 月より同社取締役、2017 年 2 月より同社代表取締役社長。

ユニティ・サポート（http://www.unity-support.com）
BIP 株式会社（http://www.bi-p.co.jp）
ブログ：会社と社員を円満につなげる人事の話
（http://unity-support.blogspot.jp）

他人力のリーダーシップ論

新 将命 著

◉ISBN 978-4-434-22678-6
◉定価：本体1500円＋税

他人を自らの意思で動かすのが「他人力」。
リーダーに本当に求められるのはこの能力だ!!

リーダーは“空気”をつくれ！

小笠原隆夫 著

2018年 6月 30日初版発行

編　集－原　康明
編集長－太田鉄平
発行者－梶本雄介
発行所－株式会社アルファポリス
〒150-6005 東京都渋谷区恵比寿4-20-3 恵比寿ｶﾞｰﾃﾞﾝﾌﾟﾚｲｽﾀﾜｰ5F
TEL 03-6277-1601（営業）03-6277-1602（編集）
URL http://www.alphapolis.co.jp/
発売元－株式会社星雲社
〒112-0005 東京都文京区水道1-3-30
TEL 03-3868-3275
装丁・中面デザイン－ansyyqdesign
印刷－中央精版印刷株式会社
写真：ゲッティ

価格はカバーに表示されてあります。
落丁乱丁の場合はアルファポリスまでご連絡ください。
送料は小社負担でお取り替えします。

ISBN 978-4-434-24849-8 C0034